李少聪 著

社会能力
从小就培养孩子的

天津出版传媒集团

天津科学技术出版社

图书在版编目（CIP）数据

从小就培养孩子的社会能力 / 李少聪著. -- 天津：天津科学技术出版社，2022.9
 ISBN 978-7-5742-0111-8

Ⅰ.①从… Ⅱ.①李… Ⅲ.①家庭教育 Ⅳ.① G78

中国版本图书馆 CIP 数据核字（2022）第 135936 号

从小就培养孩子的社会能力
CONGXIAO JIU PEIYANG HAIZI DE SHEHUI NENGLI

策划编辑：	杨　譞
责任编辑：	马　悦
责任印制：	兰　毅
出　　版：	天津出版传媒集团 天津科学技术出版社
地　　址：	天津市西康路 35 号
邮　　编：	300051
电　　话：	（022）23332490
网　　址：	www.tjkjcbs.com.cn
发　　行：	新华书店经销
印　　刷：	河北松源印刷有限公司

开本 880×1230　1/32　印张 6　字数 150 000
2022 年 9 月第 1 版第 1 次印刷
定价：38.00 元

前言
PREFACE

总有一天,孩子要离开父母的羽翼,进入社会,独自面对和承担未来的风雨。但很多父母却不敢想象这一天的到来,因为他们有太多担心。担心孩子不讨人喜欢,担心孩子独立能力差,担心孩子不能很好地控制情绪,担心孩子不守规则,担心孩子缺乏抗挫力……

其实,这些都是孩子应该具备的社会能力,越早准备,才能越有底气和自信放手让孩子去翱翔。

社交能力是孩子未来必备的社会能力。有人说,一个家庭最高级的炫富,是养出一个"会说话"的孩子。蔡康永曾在《说话之道》中说:"你越会说话,别人越快乐;别人越快乐,就会越喜欢你;别人越喜欢你,那你得到的快乐就越多。"《奇葩说》辩手马薇薇也曾说:"好好说话这件事,大学不教,人生必修"。培养孩子会说话的能力,不仅要教孩子很好地表达自己,还要教孩子说话的方式。

独立能力是孩子未来必备的社会能力。尽管每个人都离不开朋友,但成长路上多数时候仍然是孤单的,故独立是孩子成长的底色,是行走世界的勇气。培养孩子独立的能力,父母要懂得放手,让孩子独立完成作业、管理自己的时间、自己做出选择并承担相应的责任……

解决问题的能力是孩子未来必备的社会能力。真正拉开人与人之间差异的,就是解决问题的能力。父母不能陪孩子去面对所有问题,却可以从小培养孩子解决问题的能力,教孩子养成正确的思维方式,积极思考,这就如同给了孩子一把开启未来的万能金钥匙。

阅读的能力是孩子未来必备的社会能力。阅读能力,决定了孩子未来的高度。如果一个孩子很少阅读,只把大量的时间和精力花费在课本和作业上,那孩子的天赋和聪明就会被饿死,因为单纯课本里的知识远远无法满足孩子大脑成长的需要。培养良好的阅读习惯要趁早,坚持和孩子一起阅读,常常带孩子去图书馆,让孩子感受到阅读的魅力,让孩子在书里遇见另一个世界、另一个自己。

情绪控制力是孩子未来必备的社会能力。能控制情绪的孩子，才能走得更远。孩子的情绪往往多变，常常如山呼海啸般向父母涌来，而父母却很难理解孩子的情绪。更可怕的是，情绪是会互相影响的，如果父母受到孩子的影响，放任自己发怒、强行压抑孩子的情绪，或者放纵孩子的情绪，都会对孩子的心灵造成难以磨灭的伤害。父母首先要处理好自己的情绪，在引导孩子合理发泄情绪的同时，也要让孩子懂得克制和忍耐，学会管理自己的情绪。

逆商是孩子未来必备的社会能力。没有谁的人生能一帆风顺，每个孩子都难免会经历大大小小的挫折，唯有逆商才能帮孩子在跌倒的地方爬起来。孩子的内心是十分脆弱的，一次没考好、输掉比赛、被拒绝或者挨批评的经历，都有可能让孩子感到委屈、痛苦，从而一蹶不振。父母可以在孩子遇到困难、挫折时，引导孩子乐观面对，提升逆商。

规则意识也是孩子未来必备的社会能力。当"熊"孩子越来越多，如果父母不想孩子被社会狠狠教育，就早点培养规则意识。心理学家证明，6岁之前是给孩子立规矩最好的时间段。对于理解能力还不够好的低龄孩子，规矩一定要简洁明了，易于执行，且一次只立一个，不要立太多。另外，也不要凡事都立规矩，规矩太多等于没有。

最后，自我保护能力绝对是孩子人生的压轴能力，没有什么能比教孩子懂得保护自己更重要。有远见的父母都会教孩子在帮助别人的同时保护自己，教孩子正确应对校园霸凌，教孩子在突发灾难时的脱险逃生技能……父母不可能 24 小时贴身保护孩子，父母能给孩子最大的保障就是让孩子拥有保护自己的能力和勇气。

孩子的成长过程充满了无数未知数，但这也意味着他们的未来有无限的可能。这本书分别从社交、独立、阅读、情绪、逆商等八个方面，阐述了孩子未来必备的社会能力。本书不仅仅提出问题，更关注问题的解决，具体而实用的方法将大大缓解父母的育儿焦虑。

目录
CONTENTS

第一章
社交启蒙，会说话的孩子受欢迎

1. 不强迫，引导孩子主动与人打招呼　　002
2. 教孩子掌握自我介绍的技巧　　005
3. 帮孩子改掉插话的坏毛病　　007
4. 培养孩子善于倾听的习惯　　010
5. 引导孩子学会正确道歉　　013
6. 别再教孩子说"我能和你们一起玩吗"　　016
7. 言语幽默的孩子讨人喜欢　　020

第二章
独立是孩子行走世界的底气

1. 孩子自己能做的事，父母别代劳　　024
2. 爱需节制，少给孩子一些无谓关心　　027
3. 从小做家务的孩子，长大更优秀　　030
4. 有些事，让孩子自己做主　　033

5. 让孩子自觉独立完成作业　　　　　036
6. 允许孩子做一点冒险的事　　　　　039
7. 放手，让孩子走点弯路　　　　　　042
8. 沉住气，让孩子独自面对挑战　　　045

第三章
解决问题的能力，是孩子必备的技能

1. 启发思考，不急于告诉孩子答案　　050
2. 让孩子把知识应用到实践　　　　　053
3. 头脑风暴，正确的答案不只有一种　056
4. 和孩子讨论，共同解决问题　　　　059
5. 培养孩子用逆向思维解决问题　　　062
6. 在游戏中培养孩子解决问题的能力　065
7. 鼓励孩子向别人寻求帮助　　　　　068

第四章
阅读的能力让孩子受用一生

1. 阅读力的培养要趁早　　　　　　　072
2. 经常带孩子去图书馆　　　　　　　074
3. 有远见的父母都在"逼"孩子读名著　078
4. 亲子共读，到底应该怎么读　　　　080
5. "听书"不能代替阅读　　　　　　　084

6. 平衡学习和看课外书之间的冲突　　087
7. 引导孩子开启深度阅读　　090
8. "逐步放权",培养独立阅读　　093

第五章
孩子的情绪控制力,比你想的更重要

1. 孩子无理取闹,不轻易妥协　　098
2. 允许孩子哭,让坏情绪流出去　　101
3. 父母情绪平和,才能养出好脾气的孩子　　105
4. 帮孩子平静下来的方法　　108
5. 愤怒,是孩子发出的求救信号　　111
6. 别因孩子的情绪性而责罚他　　114
7. 教孩子合理发泄愤怒情绪　　117

第六章
逆商高的孩子未来一定不差

1. 给孩子创造一点遭遇挫折的机会　　122
2. 挫折教育不是打击教育　　124
3. 教孩子泰然接受别人的拒绝　　127
4. 帮孩子正确看待考砸了　　130
5. 戒掉玻璃心,让孩子受得住批评　　133
6. 输得起的孩子才能赢得起　　136

第七章
孩子从小守规则,长大才能适应社会

1. 毁了孩子一生的,是从小不懂规则　　140
2. 给孩子立规矩,要在 6 岁之前　　142
3. 马路不是游戏场,必须遵守交通规则　　145
4. 参观、旅游要遵守的规则　　148
5. 电梯里的熊孩子,害人又害己　　151
6. 餐桌上的规矩不能少　　154
7. 孩子乱翻别人东西,绝不可置之不理　　157
8. 给孩子良好的教养,不轻易打扰别人　　160

第八章
给孩子保护自己的能力和勇气

1. 别让孩子成为讨好型人格　　164
2. 不盲目助人,教孩子善良且有锋芒　　167
3. 教孩子保护自己的身体　　170
4. 遭遇校园霸凌,聪明的孩子懂得"发声"　　174
5. 怎么才能保证孩子不跟陌生人走　　177

第一章 社交启蒙，会说话的孩子受欢迎

1. 不强迫，引导孩子主动与人打招呼

日常生活中，经常遇到这样的情况：带着孩子出门，遇到熟人，父母就会表现出来极大的热情，把孩子推到对方面前，"喊叔叔阿姨好。""喊爷爷奶奶好！"

孩子有些腼腆，扭捏着没有开口，甚至往妈妈怀里躲。为避免尴尬，对方马上说："孩子都这么大了！""真乖啊！"寒暄过后，父母礼貌性地笑着点头道别，转身之后便严肃地看着自己的孩子说："这么大了，怎么不知道叫人啊！一点礼貌都没有！"

一旦孩子没有主动打招呼问好，父母就感觉非常没面子。于是，就会用威逼利诱的方式，强迫孩子与人打招呼，稍不配合，就是一顿斥责。但越是这样，孩子越是抵触，越是不喜欢和人交往。甚至长大了，也不愿意主动交朋友。

为什么别人家的孩子见面就喊"叔叔好""阿姨好"，嘴巴像抹了蜜，而自己家的孩子却怯生生地连头也不敢抬？

一方面是性格原因。有些孩子天生害羞一点，属于慢热型孩子，对陌生人通常会抱有强烈的抵触感。这样的孩子遇到大人时，不会兴高采烈地打招呼，而是喜欢扯着妈妈的衣角躲在身后

不出声。

另一方面是孩子成长的必经过程。一般来说，孩子出生后的前五个月无论谁抱，他都可以接受。但到了第六个月左右，除了一直照顾自己的妈妈，孩子就不愿让不熟悉的人抱了，谁抱一下孩子就哇哇大哭。这就是所谓的"陌生人焦虑"。在婴儿阶段孩子就是通过这种方式来保护自己，并逐渐认识、信任其他人。

而且这种陌生人焦虑会伴随孩子很长时间，儿童心理学家发现，孩子在两岁左右又会出现害怕陌生人的高峰。每个孩子都有这个现象，只是由于孩子天性不同，对陌生人的焦虑程度有所差别。在孩子眼里，陌生人和父母是完全不同的两种人，陌生人是带着"危险气息"的。孩子3岁左右这种现象会有所缓解，但到了4岁左右，又会呈现阶段性的不爱与人打招呼的倾向。

但父母往往会忽视孩子的这一特点，父母觉得熟悉的亲友，对孩子来说却是不折不扣的陌生人。父母强迫孩子亲亲热热地和陌生人打招呼、交流，不仅违背了孩子的天性，还会让孩子逐渐失去警惕陌生人的本能。

但并不意味着要放任孩子不与人打招呼。和人打招呼、问好不仅是礼貌问题，也是孩子将来必须要掌握的社交礼仪。其实，孩子并非不懂礼貌，自从幼儿园开始，孩子就已经发展出了社交能力，他们不愿意和什么七大姑八大姨打招呼，主要是因为和对方不熟，关系没到那个份上。他们做不到对不熟的人假意热络。重要的是，父母如何引导孩子主动与人打招呼？

★ 简化打招呼要求

在开始教孩子叫人时,孩子还不能分清是自家的叔叔还是陌生的叔叔,是自己的阿姨还是别人家的阿姨。因此,打招呼一律用"你好"即可,这时要培养的是礼貌意识,而不是华丽的用语。

又或是当大人抱起孩子,他仍不愿意打招呼时,父母就不要为了所谓的面子去强迫孩子做这件事了。这时候就应该退而求其次,让他挥挥小手即可,只要孩子敢于抬头正视对方,就已经是勇敢的一种表现了。

★ 带孩子去做客

如果孩子不喜欢陌生人,父母就需要创造机会,增加他和其他大人相处的时间。做客前,父母应先向孩子介绍要见的人是谁,该怎么称呼等,让孩子有一个心理准备。还可以提前给关系做一个预热,比如,可以对孩子说:"王阿姨家有一个小姐姐,一直想和你一起玩呢。"用诸如此类的话鼓励他,能让孩子消除陌生隔阂感,树立信心。

★ 让孩子做小主人

如果孩子怕生,父母可经常请亲朋好友到家中做客,让孩子自己当小主人。客人来之前,父母可以和孩子商量如何接待,也可以细化为具体的流程:

1. 向客人问好。
2. 为客人端茶水。
3. 与客人简单对话。

4. 向客人介绍自己。

5. 向客人展示自己的特长。

在孩子做好前一步的前提下，后面的事情不强迫。等孩子习惯了前一步做法，可自然过渡到下一步。父母不可急于求成，要循序渐进地让孩子去做自己能胜任的事。

培养孩子主动打招呼的习惯，不仅仅是让孩子"有礼貌"，更是让他们慢慢习惯更好地与人连接，融入人群，融入社会。如果孩子暂时做得还不够好，也不要过于责怪为难他们，先要学会耐心地去鼓励和引导。

2. 教孩子掌握自我介绍的技巧

孩子一般在入园、升学、参加兴趣班或面试的时候，他们每加入一个新集体，都需要进行一个简单的自我介绍。自我介绍看似仅仅是说一下自己的名字、年龄，却是孩子融入陌生环境的一个关键。

因为在人的记忆中第一印象往往会占据重要的地位，能够大方自我介绍的孩子，会第一时间在新集体中刷出存在感，很快就能和大家打成一片成为朋友。

而且，与人第一次见面时的自我介绍，能帮助和对方相互了解，提前把自己的特点告诉别人，就不容易招致误解。比如，如果孩子能在第一次自我介绍时说，自己对牛奶过敏，那么别的小朋友就不会觉得他不喝牛奶是浪费或者娇气。

另外,教孩子清楚地做自我介绍,也是对逻辑思维能力、语言表达能力的一种培养。如果能得到老师的表扬,小朋友的认可,孩子的自信心也会得到提升,让他能更加大胆地面对挑战。

孩子的每次自我介绍,都是今后在大场面发言的彩排。比如,常在别人面前做自我介绍的孩子,在面对演讲、比赛等大型场合做自我介绍时,他们就能更加从容应对。

对孩子来说,自我介绍还是重新认识自己的机会。介绍自己的目的是为了让别人正确地认识自己、了解自己。所以,在这之前,孩子就要先自我了解,对自己进行总结,从而对自我的认知会更加清晰。

在进行自我介绍的时候,很多孩子紧张往往是因为不知道应该介绍些什么,我们可以提前教孩子一些自我介绍的技巧。

★ 通过"你问我答"深化记忆

为避免一紧张就忘了要说什么,父母可以在平时设计一些"你问我答"的问题,方便孩子记忆。对于年龄比较小的孩子,这些问题可以涉及姓名、年龄、喜欢什么,等等。为避免关键时刻忘记内容,也可以让孩子根据设计的问题记忆自我介绍的内容。比如,先介绍我是谁,再介绍自己的优点,做过哪些值得自豪的事,最后说说自己有哪些缺点。

★ 总结自己的3个特点

一些孩子会用"我叫某某"开头后,就不知道该说什么了。这时,可以教孩子按照顺序,将"我喜欢或擅长的事"+"我正在努力做的事"+"我的优点"作为之后的内容。如果可以的话,每一项再增加一两句细节,让自我介绍的内容更加丰富。比如说,"我叫可可,我会画画,现在每天都要练习画画,因为我很喜欢在图纸上画东西……"越是细节,越能吸引注意力,让别人对你印象更深。

★ **说话声音大而清晰**

如果孩子低着头,把声音闷在喉咙里说话,大家既看不到表情也听不到声音,自我介绍就失败了。

教孩子做自我介绍时,无论在哪种场合,都要把身体面向大家,用让大家都能听到的声音,缓慢且清楚地说出来。父母可以让孩子在家里,先对着镜子练习。

教会孩子掌握自我介绍,让他完美地展现自己,有利于给人留下深刻的印象,在社交中赢得主动权。

3. 帮孩子改掉插话的坏毛病

相信不少父母都有这样的经历:路遇熟人,刚聊几句,孩子就不停地插话走吧走吧。朋友来访,聊天中,孩子在旁边不时喋喋不休地插话。就连打个电话,孩子也要在旁边不断干扰,"我要喝水。""我要出去玩。"不仅让父母生气烦躁,也让对方尴尬。

如果家长只是委婉地制止,孩子就不会当回事。如果家长说得狠厉了,又怕让和自己聊天的人感觉不舒服。而且,也担心粗暴地拒绝孩子参与谈话，会让孩子以同样的方式对待他人。

孩子叽叽喳喳地插话，在大人看来是非常不礼貌的行为，甚至是没家教的表现。但事实上，并不是孩子故意要让大人难堪，也不是故意没礼貌，他们通常没有恶意，多半和自我中心思维有关。

所谓自我中心思维，是孩子从自己立场和角度去看待事物，有极强的主观性。这个特点在孩子2～7岁最为明显，他们往往只顾着表达自己想要表达的，而忽略了对方的感受。除了自我中心思维这个原因，孩子爱插话还有以下几个原因：

1.孩子渴望受到关注。在孩子的年幼时期，他们习惯于以自我为中心，孩子希望能吸引大人的注意力，从而无法忍受父母的注意重心不在自己身上。因此，当父母与朋友交谈时，孩子会通过插话来提示父母关注自己的存在。

2.孩子表达欲强烈。有些孩子性格外向，思维敏捷，喜欢在大人面前说话，他会想要急切地表达出来自己的"机智"，所以孩子有了插话的行为。

3.孩子对谈话内容感到好奇。随着孩子长大，对周围的事物也越来越好奇。当客人与父母的谈话引起他的兴趣时，他的心中会有很多"疑问"，并迫不及待地需要"解答"。或者是当他发现较为新鲜的事，又由于没有耐心等待大人们谈话结束，就会迫切地说出来与人分享。

这个时候就需要父母适当地引导孩子，让他们懂得适时插话，合理闭嘴，做一个受欢迎的人。那么，父母具体该怎么做才能改掉孩子爱插话的毛病？

★ 让孩子感觉受关注

家中来了客人，父母应郑重地向客人介绍孩子。然后，询问孩子，自己和客人有话要谈，他是否可以自己去玩一会儿？这样孩子没有感觉自己被忽视了。如果确实有非常重要的事情需要谈，且时间比较久，可先拜托家人照顾一下孩子，避免孩子觉得自己被冷落了。

★ 不当面指责

"大人说话，小孩别插嘴"，父母这样因一时恼火而当众训斥插话，对孩子来说，十分不友好，会严重打击孩子愿意和父母沟通的愿望。

父母可以跟孩子讲明，谈话结束后再解答他的疑问。事后记得一定要实行诺言，并教育孩子在别人谈话时不要随便地打断，告诉他这样做是不礼貌的。

★ 给孩子立规矩

要告诉孩子，打断别人说话是一种不礼貌的行为。如果确实有话要说可以等别人说完再说，告诉他这是一条需要遵守的规矩。

父母可以做个情景模仿，在孩子聊天很开心时突然打断他，他肯定不高兴，趁机告诉他随意打断别人说话既不礼貌，也让对方不开心，并跟他讲清道理和正确的做法。

★ 给孩子参与谈话的机会

如果孩子插话的内容与大人的谈话内容相关，可以试着让其融入大人的谈话，并引导孩子思考、学习、与人沟通；当你和客人谈到一些孩子不理解的事情时，可以适当抽出一些时间，向孩子解释。与其让孩子不停地插话，不如给孩子机会，把话语权交给孩子，让孩子充分表达自己的想法。当他们表达的欲望得到满足，孩子就不会再乱插嘴了。

★ **约定暗号**

要避免孩子在父母聊天的过程中打扰自己，可以事先和孩子约定两个暗号。一个暗号表示家长还没有说完，再等一会儿。比如，伸出食指放在嘴边，示意孩子等一会儿。另一个暗号表示孩子很急，有话要说。比如，约定一个举手的动作。在孩子想要表达的时候，就举手示意，父母可以看情况给孩子表达的机会。

这不仅是对孩子的尊重，也能让孩子学会等待，并且在等待的过程中总结自己的语言。对于孩子的插话行为，家长们应该站在孩子的角度，弄明白什么原因导致的，再对症下药帮孩子改正这种行为。

4. 培养孩子善于倾听的习惯

我们都希望孩子敢说、爱说，却常常忽略孩子的倾听能力。以至于很多孩子表现欲很强，总是叽叽喳喳说个不停，却没耐心听别人说。

比如，一个学生在发言，其余学生的说话声超过了发言的同学，结果连老师都听不见声音；当一个学生发言还没完，就有学生举起手，喊着："我来，我来。"当老师指定一位学生回答时，其余举手的学生因为没有轮到自己发言而丧失了刚才的那份热情,就唉声叹气,根本顾不上听。也有学生在老师滔滔不绝地讲课时,在下面做小动作,讲"悄悄话"……这都是倾听能力欠缺的表现。

善于倾听,看似是一种静止的状态,实际上却蕴含着非常丰富的信息。它就像乐谱上的休止符,运用得当,就可以达到"无声胜有声"的效果。

在沟通中,倾听和说占据着同样重要的地位。美国著名人际关系学大师卡耐基说:"如果你希望成为一个善于谈话的人,那就先做一个专心倾听的人。"培养良好的倾听习惯,是提升孩子社交能力的一个关键。

倾听是对别人的尊重和关注,是一种高雅的素养。在人际交往中,善于倾听的人,往往更受欢迎。

要发展孩子的倾听能力,必须教孩子"学会倾听"。学会倾听是让孩子听懂别人讲话的重要保证。"学会倾听"有两层意思,一是要求听别人讲话要用心,要细心。"倾听",即是细心听、用心听,这也是一种礼貌,表示对说话者的尊重;第二层意思是要"会听",要边听边想,思考别人说的话的意思,能记住别人讲话的要点。

很多孩子不能认真地倾听他人讲话,往往与他不懂得如何去听有一定的关系。平时,父母可以有意识地去锻炼、提高孩子的倾听能力。

★ **保持专注**

倾听首要的就是专注,要让孩子集中注意力,专心听对方说话。专注倾听包括两点，一是关注对方所说的内容，这能帮助孩子理解对方表达的观点，然后才能做出判断，给予恰当的回应。二是关注对方说话的面部表情、眼神以及动作，这能帮孩子进一步理解对方的情绪和态度，做出正确回应。比如，对方兴奋时，不要轻易打断和插话，对方情绪低落时最好能及时安慰。

在倾听的过程中，教孩子保持全神贯注的神情。比如，身体微微前倾，要目视对方，但不要一直盯着看，也不要表现出不耐烦。

★ 有所反应

教孩子专心静听，但并不是完全被动地、静止地听，而是要不时地通过表情、手势、点头，向对方表示自己在认真地倾听。比如适当的附和、认同，会让对方很高兴将谈话继续下去。

★ 在游戏中练习

对于年龄较小的孩子，可以设计一些有趣的游戏环节，来培养孩子倾听的能力。比如，我们可以给孩子输入一些指令："请学小兔子跳跳跳，跳到前面来。""请学小猫喵喵喵。"

"传话"游戏也能锻炼倾听力。爸爸可以悄悄告诉孩子一句话，让孩子把消息传给妈妈。这就要求孩子必须要仔细倾听，并且能够牢记下来，再将这句话传给其他人，从而培养孩子的倾听能力。

故事复述游戏也能锻炼倾听力。爸爸或者妈妈在讲短篇故事的时候，可以让孩子将其复述一遍。起初要提醒孩子记住时间、地点、人物以及事件，等熟悉后再让孩子慢慢完整复述，从而提高孩子的听说能力。

此外，还有拍手游戏。爸爸或者妈妈念一组包括水果的词，让孩子听到水果就拍手。比如这样一组词：苹果、鲜花、橙子、书本、西瓜，当听到苹果、橙子、西瓜的时候就拍手。如果孩子表现很好，可以增加一些难度。

教孩子倾听，比教孩子表达更为重要。倾听是一种习惯，好习惯需要从小培养，为孩子未来的人际交流奠定基础。

5. 引导孩子学会正确道歉

教会孩子道歉，是情商教育的重要方面，体现的是孩子的素养。道歉的重要性不言而喻，但生活中，父母都是如何教孩子道歉的？

常见的情形是这样的：小光和小丽一起玩滑滑梯，玩着玩着两个孩子起了争执。小光使劲推了小丽一把，把小丽从滑梯上推了下去，小丽哇哇大哭。小光妈妈立即快步过去把小丽扶了起来，说："阿姨看看摔哪儿了？摔疼了吧？小光坏，阿姨替他给你道歉。"同时，又对着赶过来的小丽妈妈道歉："真对不起，小光这孩子真是欠抽，我得好好收拾他。"小丽的妈妈听了怪不好意思的，说："没事没事，也没摔坏"。小光远远站着，无动于衷。

生活中，很多父母怕孩子受委屈，担心让孩子道歉伤害孩子的自尊心和自信心，就抢着去替孩子道歉。结果，父母忙着道歉，孩子却像局外人，根本不能认识到自己的错误。就算事后父母给予一定的批评教育，也会让孩子觉得，有什么大不了，反正有父母在就能解决，下次照犯不误，甚至可能愈演愈烈。那些熊孩子之所以熊，之所以能一而再再而三地嚣张，首先是他们认识不到自己的错误，其次就是他们确定有父母在背后替自己撑腰。

还有一个常见的教孩子道歉的情形是这样的：小文在屋子里拿着晾衣竿来回耍，妈妈让他别耍了，很危险，他不肯听。妹妹刚好跑过来，晾衣竿的一头正好打在妹妹额头上，流血了。

妈妈闻声赶过来，一看妹妹流血的额头，就冲着在旁边不知所措的小文吼道："让你不要耍，非不听，这下好了，把妹妹打流血了吧？还不赶紧跟妹妹道歉！"小文听了小脸一扬："谁让她忽然跑过来，我又不是故意的！"

即便孩子已经有了做错事的愧疚感，责备也会立即激发出孩子的自我保护意识和对立情绪。于是，孩子会立即找借口反驳，为自己辩护，而不是道歉。如果孩子的行为进一步激怒父母，父母的态度会让他更加害怕、恐惧，担心受到严酷的惩罚，就更加不肯认错道歉。

无论是替孩子道歉，还是用责备的方式强迫孩子道歉，都达不到道歉的真正效果。真正的道歉是让犯错误的孩子意识到自己的问题，感受到自己对别人造成的伤害，真正反省自己的错误，并主动自愿承担相应的后果，同时想办法弥补与修复与对方的关系。

妈妈带美美去餐厅吃饭，美美不小心打碎了一只玻璃杯。妈妈没有发火，而是问她是否划破了手指，她摇头。妈妈依然心平气和地说："你把杯子摔碎，就要麻烦阿姨来清扫，你去给阿姨道歉，然后帮她一起清理干净，要不玻璃碴在地上很容易扎到别人。"美美很懂事，按照妈妈的要求做了这一切。

收拾完毕后，妈妈又对她说："美美，损坏了东西是要赔偿的，对不对？你问问阿姨需要赔偿多少钱？你是需要妈妈帮你付还是用你的零花钱付？"美美询问后，决定先让妈妈垫付3元，回家从自己的零花钱里扣。

妈妈全程都没有大声指责美美，她先是平复了美美恐惧的情绪，然后心平气和地引导她去道歉并做出弥补。不仅没有引起美美的反感，还让她主动承担起了自己的责任。

孩子做错事，如何引导孩子有效道歉，这位妈妈给我们做了很好的示范。可以用下面三个步骤来完成。

★ **第一步：顾及孩子的情绪**

孩子做错事，内心会有愧疚，父母要及时觉察到，并给予安慰。比如前面在家中耍晾衣竿的小文在把妹妹的额头碰伤时，内心开始时是愧疚的。如果妈妈能觉察到，在查看妹妹的伤口后不是呵斥而是心平气和地说："别光看，快帮妹妹拿消毒水和创可贴。"小文一定会飞奔而去帮忙拿东西。妈妈为小文的情绪调整争取了时间，然后，在给妹妹抹药水的时候，小文因为内疚会很容易对妹妹说出对不起。

父母要允许孩子去适应他内心的感受，让他做出正确的选择，从中获得一次成长体验。

★ **第二步：引导认错**

如果孩子已经知错，父母就可以趁机鼓励孩子去道歉，而不是命令。道歉的语言要真诚，一般包括四点：描述自己的错误＋表达同理心＋改正的决心＋请求原谅。

可以用"对不起我……"说明自己哪里做得不对，说得越具体越显真诚。比如：阿姨，对不起，我踩脏了您的鞋。然后用"如果是我，我也会……"设身处地为对方着想，比如"如果我的新鞋被踩脏了，我也会很生气。"再用"以后我会……"来表达决心。比如"我以后走路一定会小心。"最后用"请问您可以原谅我吗？"来求得原谅。无论最后是否被原谅，都要诚心询问一下。

★ **第三步：做出弥补**

孩子犯错后，实质性的弥补行为，可以培养孩子的责任心，让孩子为自己的错误负责，这比口头上的教育更为深刻和有意义。

孩子在犯错后能够认识到自己的错误，勇于承认自己的错误，并且做出恰当的弥补，可以说是高情商的表现。这样的孩子就算犯了错，也不会失去魅力，反而能更讨人喜欢。

6. 别再教孩子说"我能和你们一起玩吗"

友谊是孩子一生都不可或缺的一部分，是生命中最温暖的底色。父母要从小教孩子赢得友谊和合作的技巧，但如何引导鼓励孩子去和小朋友一起玩？

很多父母都有过这样的经历：在公园或游乐场里，孩子看到别的小朋友一起玩得很开心，也想加入，但他不知道该怎么办。这时候，父母就会给孩子出主意说：你去和他们说"你们好，我能和你们一起玩吗？"

但孩子真的会被接纳吗？要知道任何人对陌生人都会防备、抵触。在这种情况下，孩子被拒绝才是常态。成年人可能会想到"多个朋友多条路"，但孩子的思维很直接，喜欢就是喜欢，不喜欢就会直接拒绝。父母只看到了自己的孩子有参与游戏的想法，却不会去想在孩子介入前，其他孩子之间也是有规则和氛围的。当其他孩子玩得热火朝天，却被一个外来者询问能否打破他们的规则、加入他们，他们的第一反应往往是拒绝。

迈克尔·汤普森博士在《妈妈，他们欺负我》一书中表达过这样一个观点：很多孩子拒绝其他人，并不是对其他人心怀不满，而是因为孩子本身缺乏社交的技巧。缺乏社交技巧的孩子自然也不具备应对社交问题的能力和心态了。

当孩子想要加入一个团体，直接玩就是了，不需要成人世界里的自我介绍的过程。成年人看到的是孩子能够快速地和其他人打成一片，而孩子看到的只是大家一起玩游戏，玩耍才是重点。

也就是说，在孩子的社交场里，礼貌用语不是必备的，父母不必让自己的孩子对着其他孩子事事都说"请问""谢谢"，这只会让其他孩子感到不自在。同样"我能和你一起玩吗？"这句话也会让其他孩子觉得，这个人和我们不是一路人。

当孩子说："我能和你们一起玩吗？"时，等于把拒绝自己的权利主动交到了其他孩子的手上。听到这样乏味又生硬的搭话，缺乏社交技巧的孩子都会直言"不可以"。

拒绝的孩子不在意，但被拒绝的孩子则会感觉很受伤，自尊心自然会受到打击。如果这种打击多了，再开朗的孩子也会畏惧主动和陌生的孩子搭话。慢慢地，孩子就会变成父母眼中的孤僻、不善社交了。

父母这套好像硬生生从教科书里搬出来的"我能和你们一起玩吗"并不能帮助孩子融入集体。父母需要观察孩子的反应，不要急于给孩子建议。孩子想要参与一个活动，最开始一定是出于好奇。他们会在加入之前会先"侦察敌情"，了解这个活动具体要做什么，参与活动的孩子的人员构成等，再决定是否要加入这个活动。而这时，孩子已经摸清了这个活动的套路，下面就可以自己找到加入的切入点了。

所以，如果父母看到孩子对一个活动跃跃欲试，就直接让孩子去搭话，实际上是在破坏孩子观察、思考、做出尝试的努力。而孩子在毫无准备的情况下去尝试加入一个团体，也会产生抗拒的情绪，失去安全感。

孩子观察时，父母可以简单说说对方是怎么样玩的，让孩子认同并按照集体的规律去玩游戏。如果孩子不能撒开手自己过去，说明他还是在犹豫，觉得自己可能做不到。父母可以先和那些小伙伴打个招呼，和他们讨论游戏规则，孩子也会在加深对游戏理解的同时，拉近和他们的距离。

父母可以先观察孩子的反应，如果孩子只是安静地看着前面的活动，父母不妨让孩子先看一会儿。当孩子表现出想要去玩的意向，父母可以通过眼神或者肢体动作给予对方肯定和鼓励，但不要发表自己的意见去干扰孩子的思维和行动。

当孩子明显表现出自己无法加入时，父母才可以适当地有技巧地引导孩子。

★ **积极搭话**

小朋友之间熟络的过程非常快，也许只需要一两句话，就能一起玩得热火朝天。父母可以教孩子积极搭话，比如说"你这个真好看，你是怎么做的呀？""这个做起来很难，我以前也做过……""我帮你拿胶水吧。"积极的语言会提高被接受的可能性。

相反，要避免孩子说出"你这做的是什么呀，还不如我"等消极的话，这只会引起其他孩子的反感和抵触。

★ **做出贡献**

父母可以教给孩子先尝试去观察发现对方的需要，用行动提供帮助、做出贡献。这也是孩子能够被对方接受的重要因素。比如，在游乐场的积木区，看到有几个孩子要搭房子，可以帮他们一起运积木；在小区玩沙子，把别人没有的而自己有的工具拿出来一起分享；玩轮滑，有小朋友摔倒了可以帮忙把他扶起来，给他拍拍身上的土；对方孩子在地上画画，可以先帮他们递粉笔……

★ **做好被拒绝的准备**

尽管做出了很多努力，但孩子仍然可能被拒绝。所以，要帮孩子做好被拒绝的心理建设。比如，带孩子离开，同时和孩子聊聊被拒绝的感受，表达认同，而不要怪孩子太娇气。

每个人都不可能脱离集体，孩子加入集体，就是开启一段学习、收获、成长的旅程。

7. 言语幽默的孩子讨人喜欢

满天繁星，妈妈带着孩子看星星。妈妈说："小宝，你能数出天上有多少颗星星吗？"孩子听到后就一个一个地数了起来，数了一会儿，他转头对着妈妈说："天太黑啦，我看不清，还是等太阳出来再数吧！"也许这个孩子无意幽默，尚不懂幽默，但他的话诙谐而智慧，让人忍俊不禁。

幽默感是一种能力，这种能力不仅像一座桥梁拉近了人与人之间的距离，使心灵变得更亲近，还能化解尴尬，消除社交中的不利因素。

幽默是一种高情商的表现，拥有幽默感的孩子往往更有魅力。有研究表明，幽默感靠先天因素决定的部分只占三分，而剩下的七分则是通过后天的培养和锻炼形成的。那么，父母如何做才能培养孩子的幽默呢？

★ **使用比喻、夸张等修辞手法**

平时和孩子相处的过程中，父母尽量多使用夸张、比喻、拟人的修辞手法，来营造一种幽默的氛围。

比如把"再不收拾玩具，以后就不给你买了。"换成"玩具们玩了一天都累了，要回家休息了，不然他们要哭了。"也可以在孩子弄得脏兮兮的时候,带她照照镜子,说:"看看镜子里的那只小花猫。"或者"镜子里的小花猪是谁啊?"这些形象又有趣的语言通常可以让孩子感到快乐。

父母也可以时刻注意生活中有意思的小事情,讲给孩子听,同时配合夸张的动作和表情,让孩子对幽默有更深刻的印象,同时也便于孩子模仿学习。

★ 用诙谐的语言教育孩子

在心理学家发现,当父母运用幽默的语言来教育孩子时,能够营造一个轻松、愉快的氛围,减轻孩子的抵触、紧绷的情绪,觉得父母既亲切又有威严,从而乐于接受父母的教育。

蓉蓉把一小瓶橄榄油都涂在了玩具猪身上,妈妈说:"天哪,你这是在给小猪做按摩吗?这小猪肯定是神仙下凡,待遇比我这当妈的还好啊。"

蓉蓉看看所剩无几的橄榄油,不好意思地说:"对不起妈妈,我把你的橄榄油用光了。"

妈妈说:"没事没事,下次给小猪用的时候省着点,给我留点就行。"

蓉蓉说:"下次不给小猪用了。"

妈妈:"咋了?"

蓉蓉故意说:"下次我想给那只大恐龙用。"

妈妈:"天哪!"妈妈假装晕倒,蓉蓉哈哈大笑。

有时候,幽默远远比严肃的说教更加意味深长,更容易能达到教育效果。父母用幽默来教育孩子，孩子也能感受到父母的幽默技巧，从而活学活用。

★ 读书、读书、读书

不读书就没有幽默的能力，充足的学识是幽默的后盾。

曾有一个段子很火，暑假的时候，一名学生送自己的朋友坐火车回家。他对朋友说："我去买几个橘子，你就站在此地，不要走动。"

朋友顿了一下，捶他一拳说："占我便宜！"

看懂的人都会心一笑，这是朱自清《背影》里，父亲送儿子去车站说的话。看了这个段子，很多人就会感慨，不读书的话，你拿什么开玩笑？

主持人朱广权被称为"高能段子手"，他在节目中金句频出，"地球不爆炸，我们不放假""英雄可以不问出处，但不能没有归宿"。这样的幽默感，如果没有长期的文化熏陶，没有从小就广读诗书，是养不出来的。

想让孩子拥有有底蕴、让人愉悦的高级幽默感，就要培养孩子的阅读兴趣，和孩子一起多读书，让孩子永葆诗心和童心。

恩格斯曾说过："幽默是具有智慧、教育和道德上优越的表现。"幽默不是简简单单几个笑话，而是需要父母在孩子的日常生活和学习中不断培养的。

第一章 独立是孩子行走世界的底气

1. 孩子自己能做的事，父母别代劳

孩子能够依靠自己主动去做身边力所能及的事，叫自主；孩子能通过自己的方式完成生活中的事，叫独立。孩子自己能做的事，父母要少包办代替，否则他永远也无法独立自主。

招商银行拍摄了一个名叫《你的世界大于全世界》的广告，短片讲述了这样一个故事：

一名中国留学生想在聚会上做一道"番茄炒蛋"，分享给外国朋友们。当他打鸡蛋时，蛋壳全掉进了碗里。锅里的油热了，他却在纠结是先放番茄还是先放鸡蛋。他想也没想就拿起手机向远在中国的妈妈发微信求助，结果爸爸妈妈你一句我一句的，还是没教会他。

下午四点半了，朋友开始催促他，他仍在厨房里手足无措。"叮"，手机收到一段视频，原来是爸爸拍摄了妈妈做菜的全过程。在父母的帮助下，他的这道菜大受好评。饭桌上，一个伙伴问："中国和美国的时差有几小时？""12小时。"

刚播出时，这个短片感动了无数观众。但是很快，风向就转了，美国下午四点半的时候中国是夜里四点半。一个留学生，至少

20多岁了,连一个番茄炒蛋都不会,还不顾时差,打扰正在睡眠中的父母,真心不值得称赞。

多少父母把孩子能做的全包圆,让孩子在衣来伸手饭来张口中长大,结果孩子上大学了连个袜子都不会洗,连最简单的一道菜都不会做,没有一点独立能力。

很多时候,父母不愿意让孩子去做事,主要是不信任孩子能做好,尤其是嫌善后麻烦。比如,孩子去拖地,拖不干净,可能还会把水弄洒一地,导致需要自己付出更多精力去收拾。再比如,早上让孩子自己穿衣,不是穿反需要重新穿,就是太慢会迟到。

孩子能做的事,往往是父母随手就能完成的事。所以多半父母都会想省事快捷,而不自觉地进行了包办代替。

父母一定要明白,任何事都要经历从不会到会,从不熟练到熟练的过程。如果你不让孩子学习和练习,那就永远也不能掌握这个技能。耐心一点,给孩子一点时间,让他慢慢来,同时也要在看不下去想要插手帮忙的时候忍住。

即使孩子在区分鞋子的左右拿不定主意时,父母也不要上手去帮忙,可以让孩子自己摸索,在不断尝试中积累经验。倘若孩子在刷牙洗脸时,难以掌控好刷牙的方向,在洗澡时很难清洗干净泡沫,父母可以做示范给孩子看,鼓励孩子再多试一次。

很多父母也会担心孩子的适应能力和交际能力,其实,父母不需要过于担心,孩子有独属于孩子的交流方法。当孩子遇见一个新朋友,父母不要代替他做自我介绍;当他和朋友闹矛盾,父母不要代替他做辩解；当他和长辈对话时，父母不要代替他表达自己的想法；当他想要融入一个新环境时，父母不要直接告诉他各种环境要素，让他被动地接受新环境。父母不要成为孩子的传话筒，剥夺孩子的社交自由。

孩子的自理能力是慢慢发展起来的，靠的是父母慢慢放手，从简单到复杂，具体如下。

★ 给孩子做事的机会

要求孩子学会自理，父母就要给足做事的机会。孩子起床后，让他自己完成穿衣服、洗漱、吃饭等基本的事情；在孩子放学后，让他自己完成作业并检查；在孩子玩好了玩具以后，让孩子自己负责清理收纳，管好自己的玩具。

★ 减少干扰和否定

父母是孩子的照顾者，而不是孩子生活的替身。当孩子有了自理能力之后，能独立完成一件事时，孩子就开始期待去做自己想做的事，解决遇见的问题。

父母要渐渐成为幕后工作者，减少干涉孩子的自主意愿，鼓励孩子有想做的事，也相信他能做好自己想做的事。比如孩子能独立地上下学，能参加学校的夏令营活动，在孩子表达他们的想法时，父母少一些否定和质疑，多一些支持的建议。

★ 在外人面前鼓励孩子自己做事

当家里来客人时，父母可以让孩子也学学待客之道，让孩子做些端果盘、倒杯水、帮客人拿遥控器等能做的事，然后在客人面前多多表扬孩子，满足孩子的虚荣心。相信再有客人时，孩子不需要父母使唤，就能主动做些自己能做的事了。

父母不可能扶着孩子走完漫长的一生，试着放手，孩子才能给父母一个大大的惊喜。

2.爱需节制，少给孩子一些无谓关心

父母对孩子的爱，从无上限，但爱越多越要懂得节制，否则甜蜜的爱就会成为毒药。

在热播剧《小欢喜》里，高中女生乔英子的生活被母亲泛滥的关心全方位地侵蚀着。妈妈为了英子的高考，辞掉工作陪读。她每天药膳补品伺候着，还亲自绘制成绩曲线图，给女儿出定制的考卷，甚至买早餐时不忘问老板油条用的什么油来确保女儿的健康……

妈妈总会问英子睡得好不好，却不知道英子经历了连续34天的压力型失眠。妈妈密切关心英子的考试成绩，一直阻拦英子喜欢天文专业。逐渐抑郁的英子想要跳河解脱，英子妈这才意识到自己的问题，学着减少对英子的过度关注。

很多父母把孩子变成了生活的重心，尤其是妈妈，每天都是围着孩子转：从孩子睁开眼睛的那一刻起，就努力让自己的身影不在孩子的视野里消失，自己的声音要像3D音效一样环绕在孩子身边。生怕自己有一点照顾不周，每天都是掏心掏肺地付出，但这种自以为是的、强加给孩子的爱，孩子不仅不领情，还心生抵触，甚至做

出极端的反应。

父母为何会付出诸多无谓的关心呢？

其一，父母和孩子之间还没建立起信任感，爸爸妈妈总担心还没有独立的孩子处理不好自己的生活。

其二，因为不确定的环境会给孩子带来什么样的伤害，父母的保护欲极为旺盛。他们期望帮孩子扫除一切成长障碍，帮孩子摆平孩子所有困难，帮孩子解决所有烦恼。

其三，父母的控制欲。有一位加拿大的父亲逼迫孩子吃光盘子里的青菜，但孩子不愿意吃，两个人对峙了13小时。期间，孩子尿裤子、发低烧，爸爸都不肯放弃。最后，孩子妥协吃掉青菜，开始剧烈呕吐。爸爸才允许他去休息，但当他看到盘子里还有剩余的青菜，竟然对孩子说等他醒了，继续吃。第二天妈妈知道此事后，把他告上法庭，他因此获刑四个月。

这个世界上，有多少父母以爱之名控制着孩子，打着都是为你好的名义，支配着孩子的人生。父母这种没有空隙的关爱让孩子窒息，难以按照自己的意愿做事，长此以往逆反心理就产生了。如果父母在沟通时仍然不知变通，孩子就会在这种高量低质的关爱中封闭自己、拒绝交流，甚至爆发亲子矛盾。

少给孩子一些无谓的关心，父母只需做好以下几步。

★ **不放大孩子遇到的问题**

只要不是心理障碍问题，就不必过分关注和担心。时间久了，孩子的行为问题、适应问题都是可以自己解决的。孩子初到幼儿园，父母不要在孩子面前表现出对未知的幼儿园生活的担忧与恐惧。父母可以与孩子一起畅想可能发生的趣事、可能遇到的新朋友，让孩子满怀期待地迎接新生活。当孩子在比赛中不小心受了点小伤，父母不要表现得大惊小怪，甚至不再允许孩子参加比赛，而应淡定处理。

★ **态度偶尔"冷漠"**

偶尔的冷漠是一种适度的爱，父母既约束了自己内心爱的冲动，又给了孩子直面挫折的权利。面对孩子的一些求助，父母要硬起心肠拒绝，鼓励孩子自己动手解决。比如，孩子在写作业的时候问你某个字怎么写，就要拒绝告诉他，因为这明显是他懒得查字典。又比如，孩子请你帮忙背书包，帮忙削铅笔，也要拒绝，因为这都是他能做的事。相比有求必应，父母偶尔的拒绝能让孩子改掉一直依赖父母的习惯，锻炼独立性和自信心。

★ **给予孩子有意义的支持**

少给孩子一些无谓的关心，取而代之多给孩子一些有益的支持。

在日常唠叨中，直接让孩子表达自己的想法却没有任何回应，这就是无谓的关心与交流。父母应该让孩子明白父母是站在他们的角度上充分理解他们的，让他们感受到被接受、被聆听，才会积极地反馈。

在鼓励孩子种一棵树见证生命的成长时，父母可以给孩子提供种树的工具和环境，这才是有效的支持。

不要让孩子被密不透风的爱束缚，父母对孩子随意一些，也许双方能更轻松一点。

3. 从小做家务的孩子，长大更优秀

总能听到很多妈妈说："在家，我都不让她干活的，好好学习就行了"，奶奶也会附和："乖孙子好好玩，家务活奶奶做就可以了。"认为做家务会耽误孩子的学习或是不舍得让孩子做家务，这些都是家庭教育的误区。这样导致的结果是，有些孩子虽然学习成绩好，但是生活技能为零；有些孩子好逸恶劳，不懂得感恩父母的辛苦；还有些孩子即使已经结婚生子了，还需要父母帮着打理生活。

哈佛大学曾针对做家务和不做家务的孩子进行了研究对比，结果发现，从小做家务的孩子在三个方面比同龄人更为优秀。

第一，职业生涯更成功，原因是家务可以培养孩子的动手能力，让孩子更有成就感，更自信，更有家庭责任感，同时家务也可以锻炼孩子的精细动作技能，有助于促进孩子的大脑发育，智商更高。

第二，婚姻更幸福。因为从小做家务的孩子懂得做家务的辛苦，在结婚后，他们对自己的另一半就会有更多的共情和同理心，能够理解另一半的辛苦付出。这正是良好夫妻关系的重要保证。

第三，抗压力更强。对孩子来说，整理书包，清洗小件衣物，

以及把碗洗干净，把地拖干净等并不是一件容易的事。如果孩子从小就经受这样的锻炼，相当于从小就进行了抗挫折训练。长大后，在面对一些困难的时候，孩子就会有较强的抗压能力。

此外，从小做家务的孩子也更懂得感恩父母的付出。让孩子承担一些力所能及的家务，孩子就会明白原来即使是擦桌子、洗碗、端盘子、洗袜子这样简单的家务活也很麻烦，爸爸妈妈每天做这些会和我一样累。一点家务活就可以让孩子学会理解、感谢、体贴父母。

不要担心做家务会影响孩子的学习，恰恰相反，做家务还能促进孩子主动学习，成绩更好。中国教育科学研究院做过调查，发现爱劳动的家庭中的孩子比不爱劳动的家庭中的孩子成绩优秀的比例高了27倍。苏联的教育学家苏霍姆林斯基曾说："在学校工作的十几年经验使我相信，劳动在智育中起着极其重要的作用。"

当然，父母要认识到让孩子做力所能及的家务，是一个从增负到减负的过程。孩子需要一个缓冲期去适应、掌握家务劳动，一开始孩子在心理、行为方面会有困难，不要轻易终止尝试，要帮助孩子熟悉如何正确、轻松地完成一些力所能及的家务。慢慢地，孩子就能独立地完成家务，帮助减轻家庭的工作量。

如何让孩子去承担力所能及的家务呢？

★ **在合适的年龄学会合适的家务**

让孩子做家务要切实结合孩子的心理、身体状况，要由简到难，切勿急躁冒进。

2～3岁的孩子适合做叠被子、把衣服放进衣柜、收拾玩具、给宠物喂食等简单、有趣、成果显著的家务；

4～5岁的孩子适合学习擦桌子、换垃圾袋、冲牛奶等稍有难度的家务；

6～7岁的孩子可以学习着给父母打下手、超市购物后归类、用洗衣机洗衣服等相对复杂的家务。孩子在每个阶段能做的家务更多是由孩子的实操能力和自主意愿决定的，父母要正确地引导，及时地放手。

★ 学会在孩子面前示弱

在孩子面前示弱，能激发孩子的保护欲和同情心，让孩子在帮忙做家务时充满责任感和自豪感，逐渐形成爱做家务、帮父母分担的意识。

当父母身体不适的时候，就不要硬撑身体包揽家务，可以对孩子说："妈妈今天身体不舒服，需要你的帮助，你可以吗？"然后让孩子完成力所能及的家务活，如择菜、倒垃圾等。当父母发现孩子对做家务有抵触心理时，就主动放下身段，问孩子："妈妈觉得浇花好难啊，水洒得到处都是，你能不能帮帮妈妈啊？"孩子就会产生好胜心理，证明自己能够胜任简单的家务劳动。

★ 明确家务活的劳动分工

全家人可以聚在一起开一个家庭会议，根据个人意愿来分配简单的家务活，让孩子选择其中的两三项，并拟定清单，监督落实，如妈妈选择了做饭，爸爸就选择洗碗，孩子就负责摆放碗筷、收拾碗筷，大家分工合作，积极配合孩子一起完成。

★ **参加体验式劳动实践**

传统有趣的户外家务劳动既能满足孩子的猎奇心理，又能让孩子学会新的本领。

带着孩子公园野炊，在乡下插秧，在农家磨豆浆，和农民一起编织草帽等传统的家务劳动，能进一步锻炼孩子的观察能力、学习能力和动手能力，让孩子变得独立。

孩子年龄小，恰恰说明他需要学习和积累，而简单的家务就是孩子成长的第一步。

4. 有些事，让孩子自己做主

孩子通过观察、感知、思考周围的世界，在权衡自己的想法和外界的条件之后，做出选择并付出行动的过程就是自主。让孩子自己做主，就是在遇到事情时孩子有自己的想法，能够自己做决定，并且能自己的行为负责时，父母要敢于放手。

但生活中，很多父母打着"为孩子好"的旗号，剥夺了孩子的自主选择权，从衣食住行到学习社交，父母都设置了条条框框来规范孩子的行为。在父母过度的引导和限制下，孩子固化了自己的思维模式和行为准则，对计划外的事情就丧失了好奇心。孩子成了执行力高、判断力低的"牵线木偶"。

有些父母虽然表面上在让孩子自由表达、自主选择，但最终却以各种理由进行否决，这是典型的假尊重。

洛洛的妈妈在接女儿放学的时候问："今天晚饭想吃什么呀？"洛洛思索一番，说："妈妈，今天我想吃小馄饨了。"结果妈妈反应平平："今晚爷爷奶奶过来，我们吃火锅吧。"这样的对话，只会让孩子觉得自己的想法和决定没有任何意义，被拒绝的次数多了，就不愿意表达自己了。尊重孩子的选择，让孩子为自己做主，才能激发孩子内在的主动性。由于是自己选择的，孩子自然愿意去琢磨，去思考，去尝试，以做得更好。在这个过程中，孩子的自我管理能力和独立性也得到了培养。自律和自觉往往是相伴而生，有自主权的孩子，通常更自律自觉。

只有孩子为自己选择的目标才是真正的目标，得到孩子认同的目标，孩子才会拼尽全力去实现。

青海女孩卡毛尤出生在一个条件艰苦的家庭，父母支持她读到初中，已经没钱供她继续读下去。她的同乡有三个孩子以足球特长生的身份考上了大学，听到教练说，踢足球可以带她去更远的地方，继续上学。卡毛尤的眼睛里焕发出光彩，她决定拼一把。卡毛尤夜以继日地努力训练，球技大幅提高。最后她成为支付宝"追风计划"的资助对象，圆了自己的上学梦。

把选择的权力交给孩子，是父母尊重孩子的表现，这会让孩子珍惜选择的权力，并带着强大的责任感按照自己的选择走下去。

有自主选择能力的孩子往往更独立，做事也更主动，更有热情。但这种能力也是慢慢培养的，父母可以从日常生活的小事开始,训练孩子自己做主。

★ 孩子能支配的小事,交给他自己做主

自主进食、自主穿衣、自主玩耍等都是孩子应该拥有的权利。当孩子进食时,父母可以让孩子选择吃什么、怎么吃;当孩子穿衣时,父母可以提出合适的意见,让孩子能穿上自己想穿的衣服鞋子;当孩子在玩耍时,父母不要干涉他选择什么玩具和玩法,也不要出面阻拦他接触新的朋友,让孩子自己体验自由玩耍的乐趣。

★ 少给建议和帮助

在一些事情上,父母尽量让孩子自主面对,不要给孩子太多的建议和帮助,而是让孩子自由体验、比较,在几种选择中,做出最理想的选择,提高孩子的决策能力。但是,少给并不是不给。在孩子需要帮助时,父母仍然可以给出建议,帮孩子更好地做决定。

★ 教孩子表达真实的意愿

父母要教育孩子有质疑、反抗别人的意识,不盲目顺从。比如,在餐桌上,父母可以教孩子表达:"我吃饱了。"拒绝其他人的强迫喂养。

★ 帮孩子设定边界

给孩子自主权,父母难免会担心,没有自己的管束,孩子只做自己想做的事就会放飞自我,无心学习,甚至染上什么不好的习气。给孩子自主权实际上并不等于完全放任,父母必须给孩子设定界限。明确告诉孩子,他不能做的事,比如不能做高空抛物、翻越栏杆、闯红灯等危险的事。在孩子判断有误的时候,父母有权纠正和拒绝。

因为孩子在年龄较小的时候，没有能力分清什么是危险的事情。

父母把选择的权力和最终的决定权交给孩子，是信任孩子的表现，能给孩子更多的自信和勇气。

5.让孩子自觉独立完成作业

曾有一位父亲在网上说，因为陪儿子写作业而突发心梗住院。这个帖子引发了无数家长的共鸣，"我这边骂完女儿，另一个房间就听见我老公揍得儿子鬼哭狼嚎！""为了看着孩子写作业，自己是啥事也没法干。"……作业已经不单是孩子的负担了，还成了父母的烦恼。

为了让孩子尽快完成作业，父母在旁边从头盯到尾，期间不断纠正、呵斥，甚至打骂，出现了孩子一写作业，家里就鸡飞狗跳的局面。父母成了孩子的闹钟，闹钟不响孩子不动，响一次两次三次，孩子还在磨磨蹭蹭。时间长了，成为恶性循环，父母在孩子写作业这件事上投入的精力越来越多，直到崩溃，以管不了为由从此放任。

父母总觉得自己已经倾尽心血，但却忽略了正是自己介入太多，才让孩子不能独立完成作业。想让孩子独立完成作业，父母就要克制自己少管一点。管得越少，孩子才能越自觉。《好妈妈胜过好老师》的作者尹建莉，她的女儿圆圆16岁就考上了清华大学，谈及女儿的教育问题，尹建莉表示：从来不陪孩子写作业。

尹建莉只在圆圆刚上学的第一周，简单地辅导过孩子的作业，之后就再也没有插手了。她曾讲过一个关于圆圆写作业的故事：

一天晚上，圆圆写完作业后，就跑去看动画片了。但晚上睡觉的时候，圆圆突然发现自己还有一项作业没有完成。圆圆急得不知道该怎么办。而尹建莉非但没有训斥圆圆，反而安慰她说："不用哭，你可以今晚熬夜写完作业，或者明天和老师说你忘记做作业了。"

圆圆最终选择了熬夜写作业，那一天圆圆独自写到了深夜。从那之后，圆圆就记住了教训，再也没有忘记过写作业。

父母要清楚，自己不是孩子学习上的监工，也不是辅助他们写作业的工具人。监督孩子写作业只会激发孩子的抵触心理，让孩子变得越来越讨厌学习。因为父母一直陪在孩子身边，给孩子答疑解惑，就会让孩子产生一种错觉，让认为帮助自己完成作业是爸爸妈妈的责任和义务。当孩子认识不到写作业是自己的义务时，就很容易拖拖拉拉、马马虎虎，让父母头痛的问题也就一个接着一个冒出来了。其实，父母完全没有必要一直陪着孩子写作业。作业是老师按照孩子的学习情况制定的，不存在满篇问题孩子都不会做的情况。即使孩子遇到了实在无法解决的问题，父母也可以让孩子先思考，再适当地点拨一下，全程看管和陪同是毫无意义的。父母不要低估孩子的学习能力和适应能力，只要逐渐放手，孩子就会很快学会自己解决学习上的问题，养成独立完成作业的习惯。

父母要停止这种对孩子有益无害的陪伴，让孩子自己一个人也能好好写完作业。那么，父母具体应该怎么做呢？

★ **教孩子制定合理可行的作业时间表**

培养孩子的时间观念,有利于达到按时按质完成作业的要求。

父母可以与孩子共同商议,把写作业的总量分解,分别规定完成语文、数学、英语,以及其他作业的具体时长。每完成一个科目的作业,可以插入吃零食十分钟、听歌十分钟、出去散步十分钟等休息时间,做到张弛有度。

孩子同意执行时间表后,父母可以在孩子的桌子上放置倒计时的闹钟或沙漏,提醒孩子。

★ **让孩子坚持自己思考,把难题留到最后**

孩子独立完成作业需要高度的专注力,简单的作业可以轻松上手,难题可以放到最后进行深度思考。

如果孩子实在不能解决难题,要鼓励孩子向父母、老师提问,父母在讲解的过程中要注意思维的引导与点拨,不是直接告诉孩子答案,这样孩子才能感受自己思考的乐趣,坚持独立完成作业。

★ **教会孩子独立写作业的技巧**

好的办法是成功的一半,想要孩子能够脱离父母,自觉独立地完成作业,父母要教给孩子相应的技巧。

在完成语文作业时,要读、背、写相结合,这样在抄写完成以后就能很快背诵;在写数学作业时,要收集、归纳每天的错题,每日巩固练习少量的错题能提高复习的效率;要多动笔,在不懂的地方做好记号,在有共鸣的地方写下感悟。

父母要让孩子自觉独立完成作业,坚持运用好的学习技巧,这样不仅父母能省心省力,孩子也能提高学习质量,逐渐独立地迎接明天。

6. 允许孩子做一点冒险的事

人是需要点胆商的,一味循规蹈矩,亦步亦趋,很难有所成就。只有敢于冒险的人,才敢在别人不敢出手的时候,抓住机会变不可能为可能,才敢剑走偏锋,赢得先机。

冒险精神一直推动着人类的进步,是新文明的开端。麦哲伦船队完成了史上第一次环球航行,引发了一场地理学革命;神舟飞船探索太空奥秘,引领着航空科技的进步。

冒险精神是越来越稀缺和珍贵的品质,总想孩子无风无浪安安稳稳长大的父母,不要忽略了培养孩子的冒险精神。

实际上,孩子的身体里天生就携带冒险因子,活泼好动、有野心、攻击性强都是具体的表现形式。毛德皇后儿童早期教育学院的专家埃伦·桑德塞特在研究中指出:"孩子有尝试危险和刺激的天然心理需要。"在农村长大的父母可能深有体会,小时候脑袋一热,就无所畏惧地和伙伴们一起下河抓鱼、爬树抓知了、上山挖竹笋……童年充斥着难以忘怀的探险乐趣。

但生儿育女后,任何一点风吹草动都能让父母担心孩子的安全。有时候过于焦虑和紧张,以至于把整个生活都想象成了超级危险的场所。不论是用剪刀,放学自己步行回家,还是从高处跳下来,父母都会面露担忧:"那太危险了!"

在父母的过度保护下,孩子慢慢失去了冒险精神和探索未知的好奇心,也弱化了孩子的学习能力。而缺失了自由冒险的童年,孩子容易变得内向,且不愿意尝试新事物,缺乏创新能力。

当然,冒险并不等同于让孩子做危险的事。如玩火、高压线下放风筝,在野外不知深浅的河里游泳等,父母一定要阻止。

实际上,对孩子来说,参加户外活动、探索大自然、结交陌生朋友,哪怕是一个新奇的发现,都是冒险。当孩子热衷于花费大量的时间和精力去寻找蚂蚁洞,在树洞里藏宝,用树枝搭建一个小木屋……在保障安全的前提下,让他们尽情去享受吧。

纽约大学的环境心理学家罗杰·哈特指出,"孩子们会对自己独立发现一个新地方或大人想不到的捷径,而感到分外自豪。"

在冒险的过程中,孩子开始会害怕,但随着探索的深入,他们会积攒勇气去面对内心的恐惧。在冒险过程中,孩子能极快地学会观察、识别危险,并迅速做出思考,用正确的行为来处理风险。冒险精神,也让孩子的想象力和独立能力不断发展。

美国一位教育家在一次国际性演讲中,讲述自己和太太在自家后院创办了一个学习营地的故事。他们和8个孩子合作建造了一座桥。这座桥从房子开始到后院的大树结束,长达8米。完成后,孩子们一起坐在桥上,看看它会不会塌掉。

因为有一段废弃的22千米长的铁轨,他和孩子们还一起造了一辆"帆车"。

在这个学习营地进行过程中,一个12岁的女孩在准备晚餐的时候，对他说："我从来就没有这么努力过，为什么我的学校不允许这么做呢？"

他说他有两年时间都在思考这个美好而又令人惊奇的问题，最后，他决定创办一所这样的学校。这所学校名字就叫"东敲西打"，这里没有作业，没有考试，也没有书本，只有整面的工具墙，上面布满钉子、锤子、螺丝刀，还有电焊、电钻等危险的工具。

学校会根据孩子的年龄，给他们操作工具的自由和空间。在这里，孩子戴着护目镜、头盔、手套自信操作电锯、砂轮的情景很正常。孩子们在这里实验、探索、试错，专心致志，不亦乐乎。

这位教育家呼吁父母们放手让孩子去冒险，因为冒险是孩子成长必不可少的一部分，是人生的必修课。有冒险精神的孩子会更自信，更勇敢，更能积极地面对失败。

那么，如何才能放心地让孩子去冒险？

★ 允许孩子做的冒险活动

埃伦·桑德塞特教授研究发现，孩子参与适度冒险游戏是很有必要的。可以允许孩子尝试的冒险活动包括探索高度、使用危险玩具、接近危险地方、混打游戏、速度游戏、迷路和寻找方向、独处等冒险活动，父母都是可以允许孩子做出的。

当然，在允许孩子靠近池塘、火源，允许孩子滑冰、攀登时，让他们直观地感受危险时，父母也要在一旁做好适当的保护。

美国作家基弗尔·塔利、朱莉·施皮格勒，专门写了一本《让孩子做50件危险的事儿》，其中罗列了在冰雹中玩耍、投掷标枪、钉钉子、玩干冰、打碎玻璃、学习前滚翻、蒙住眼睛 1 小时等 50 件有危险的项目。作者不仅描述了每个项目所需材料和操作的具体步骤，也对有可能发生的危险做出了警示，让孩子在做项目时要有安全意识。这本视角奇特的书，能极大地满足孩子的好奇心。

★ **制定规则来防范风险**

冒险教育还是存在许多不可控的因素，用规则来提高孩子的安全意识，能有效防范风险。

规则清单可以包含：必须在冒险游戏中听从指令；在父母严禁的情况下不能擅自行动；在自己应付不了时候懂得及时求助……这些规则不但能保护孩子的冒险权利，也能培养孩子的安全意识。

对于孩子来说人生只是一场刚刚开始的冒险，父母要给孩子机会去分辨哪些是有风险的事情，哪些是真正有危险的事情，他们了解和判断风险，从而懂得保护自己，安全探索。

我们要给孩子机会去分辨，从而培养他们的能力；我们需要让他们暴露在有限的、可控的风险中，从而让他们了解风险；我们需要教会他们如何安全地去探索，从而走上自主探索的道路。

7. 放手，让孩子走点弯路

父母总是在想方设法帮孩子避开那些偏离主流，坎坷多、收益少、难以确定结果的"弯路"，只走自己为他铺好的康庄大道，而孩子却未必领情。

有位作家写道:"女儿要走一条小路,母亲拦住了女儿,她不想让女儿走弯路。但是她喜欢,非走不可,她义无反顾地向那条路走去。"每个孩子都会有自发地探索新事物的冲动,每个年龄段都会经历一些弯路,无论父母给孩子指出多少条路,孩子最终还是会按自己的想法迈出步伐,头也不回。这些弯路是必不可少的"挫折教育",它的效果远比父母的说教要好。

著名教育家蔡笑晚一共养育了6个孩子,其中5个都是名校博士毕业,1个硕士毕业。他曾讲过一个关于儿子走弯路的故事:

一天,他的第四个儿子蔡天润告诉蔡笑晚,他想去少林寺学武,成为一名行走江湖的武林高手。蔡笑晚劝过几次无果,干脆尊重他的选择,让他写了一份"决心书",直接把他送进了少林寺。

结果,蔡天润在少林寺学了两个月,发现学武术根本不是自己想的那样,就写信说想要回家继续读书。但蔡笑晚却说:"你已经写了决心书了,想去就去想回就回,就是对自己的不负责。你必须坚持自己的选择。"

蔡天润坚持学了一个学期,再次表达想要回来,蔡笑晚才让他回来继续读书。因为有了这次经历,他非常珍惜读书的机会,学习刻苦、成绩优异。后来考入美国阿肯色州立大学,念到博士,回国后在上海创办了私人医院。

孩子发现弯路行不通,自然就会重新思考,做出新的选择。父母放开手,让孩子走走弯路又何妨?走了弯路,孩子可以在亲身实践中总结失败的原因,从走"小弯路"的过程中学习到怎么避免走

"大弯路"，不再畏惧潜在的困难。

郝女士受邀参加了一个友人的婚礼，发现新娘还不到20岁，正在读大学，专业是意大利语，30岁的新郎从事外贸，两人在意大利邂逅后就决定闪婚了。

郝女士不由得问朋友："为什么你不让女儿走一条更好的路呢？"朋友反问："什么是更好的路呢？""让她选个金融学、管理学类似的专业啊，别让她这么早就结婚，等毕业了也不晚啊。""然后呢？""然后她就可以有个很好的工作，遇到条件更好的另一半，生活多幸福啊！"

朋友只是笑了笑："她现在也很幸福，能学自己感兴趣的语言，嫁给了自己一见钟情的人。也许她会遇到不少婚姻问题，工作也会有些小麻烦，但这条路是她自己选的，是她愿意走的，如果不幸福了，她自己会回头的。"

父母的忧虑不能成为绑架孩子的理由，走弯路是孩子的自由选择。父母往往会低估孩子的自我保护能力。父母要给自己做心理建设，放手让孩子走走弯路。这样孩子才能经历困难与挫折，学会成熟思考。每一段弯路都是孩子宝贵的成长经验，父母不必过于紧张。走弯路并不是让孩子去做违法乱纪的事，而是在有底线有原则的前提下适度试错。

★ 给孩子尝试的机会

不强迫孩子一定要按照自己说的做，当孩子提出自己的想法时，父母可以尊重孩子的意见，给孩子尝试的机会。即使孩子的想法是错的，甚至孩子会因为自己的行为受到伤害，父母也要放手让孩子去做。

不过，父母需要一直陪在孩子身边，及时引导孩子，确保孩子不会因为一时的失败而产生过多的负面情绪。

★ 让孩子走完弯路以后及时复盘

允许孩子走弯路的最终目的，是让孩子自己感受失败，当孩子走了一段弯路回头了，父母要耐心询问孩子遇到的困难，一起思考失败的原因，帮孩子吸取经验，积累教训。并且引导孩子总结出来，可以说出来或者写下来。

谁规定人生的道路就一定要直接通往成功，也许几段弯路也能让孩子觉得不虚此行。

8. 沉住气，让孩子独自面对挑战

面对挑战，孩子在刚刚开始尝试并且毫无进展的时候，往往会表现得非常痛苦。他们焦虑、挫败、沮丧、愤怒，而父母通常心疼孩子，情绪紧张，总忍不住想要伸手帮孩子一把。但孩子总归要走出家庭的庇护，去担风雨，用自己的头脑和双手去创造属于自己的未来。不妨沉住气等一等孩子，相信孩子有独自面对、适应并做出调整的能力。

影片《奇迹男孩》展现了一个有面部缺陷的小男孩——奥吉的成长故事。

奥吉出生就脸部畸形，从出生到10岁，他一共经历了27次面部整容。尽管这样，他的面部仍然会吓到别人。在10岁之前，他一直在家里跟着妈妈学习，从来没去过学校。

10岁这年，妈妈还是强忍着担忧，把奥吉送进了学校。第一天，他就受到了同学们的嘲讽，回到家后他戴上了原来的面具。母亲走到奥吉的身边，告诉他要坚强勇敢地面对同学，面对恶意的目光也不要退缩。同时教会奥吉，面对困难要换一个角度思考，把同学们的讥笑嘲弄当作见识短浅、家教不好的表现，自己有权利和普通人一样去上学。妈妈的话，让奥吉重新树立了去上学的信心。

从此，奥吉开始了不一样的人生，他摘下了面具，勇敢地从家里出来。第一次邀请同学到家来玩，第一次在学校的万圣节受伤向父母求助，第一次和高年级的孩子打架……他接受了一个又一个全新的挑战，最后奥吉在毕业典礼上获得了特殊奖项，他成长为一个阳光、快乐的大男孩。

父母一味为孩子遮风挡雨，只会让孩子更加逃避困难，更加依赖父母。如果给孩子机会，让他自己想办法去解决，在解决的过程中，不仅能提升他的能力，还能让他获得成就感和自信。

小柳想要拿书架上的故事书，但故事书被放到了书架的最上面一层。他踮起脚尖、跳起来各种动作试了好几次也够不到书。就在小柳脱掉袜子准备爬上书架时，爸爸连忙走上前说："这可不能爬，你这么沉，会带着书架一起摔倒的。"小柳听到这话，忍不住瘪了瘪嘴。

爸爸看着委屈的儿子，叹了口气问："你想想能不能用工具。"于是，小柳拿着爸爸的痒痒挠进行了又一次的尝试，但还是失败了。接着小柳在全屋走了一圈，从餐厅拖出了一把椅子，站在上面，拿到了书。

孩子完全有能力独立解决生活、学习上的一些挑战。也许孩子会短暂地陷入僵局，需要父母利用自己的经验来为孩子提供一些辅助。但父母一定要给孩子自己尝试的机会，不贸然插手，这样会无形间让孩子损失很多实践、成长的机会。

父母要怎样沉住气，让孩子独立面对挑战呢？

★ **适当离开**

当孩子面临挑战时，如果父母在一旁，孩子会本能地依赖父母。父母也会因为不忍心而伸出援手，孩子独自克服挑战的机会就此失去。

因此，在孩子面露难色时，父母可以找借口离开一会儿，暗中观察孩子的表现。比如孩子在拼乐高的时候，想让爸爸动手帮忙，爸爸就可以说有电话要接，留下孩子独自面对。

★ **利用好生活中的小挫折**

让孩子独自面对挑战也是一种挫折教育，父母也可以利用生活里的小挫折引导孩子学会自己面对困难、解决问题。例如，孩子刚开始学自己穿衣服时，会面临选衣服、区分正反面、保持整齐等难题。父母不妨放手让孩子一件一件地尝试，直到孩子能够领会穿好衣服的方法。

★ 给孩子换一个新的环境

新环境可以锻炼孩子的适应能力，让孩子独自接触到新的事物，克服新的挑战，解锁新的技能。父母可以趁着暑假，带孩子去露营、旅行，到乡下看望亲戚，期间，鼓励孩子帮忙做点事，如扎小帐篷、学会看导航、向长辈请教问题等。丰富的环境，可以帮孩子积累更多经验，给孩子从容面对的底气。

挑战就是机遇，父母让孩子独自面对挑战，就是给予孩子一个独自蜕变、成长的机会。

第三章 解决问题的能力，是孩子必备的技能

1. 启发思考，不急于告诉孩子答案

孩子总是忍不住问这问那，面对孩子的十万个为什么，很多父母常常因为忙着做饭，或者其他事，就直接把答案扔过去，以便尽快把孩子打发走。这虽然能及时满足孩子的困惑，但是时间久了，孩子养成就会遇到问题就问，而不愿意去思考的习惯。

牛牛："爸爸，鸟为什么会飞？"

爸爸："因为鸟有翅膀啊。"

牛牛："爸爸，8乘以2等多少？"

爸爸："16。"

……

这种场景是不是很熟悉？孩子还没有思考，家长就给出现成的答案，实际上阻止了孩子思考和学习能力的进一步发展。同时，也会让孩子慢慢对自己的思考失去信心，变成一个怯懦、优柔寡断的人。曾有数据显示，如今最紧俏的职业，有很多在未来将会消失。也就是说，孩子未来进入社会后，将会面临现在还未出现过的职业。而如何让孩子保持竞争力？单纯的知识灌输肯定无法做到，唯有教孩子学会思考，教孩子学会学习，才是孩子必须掌握的能力。

就像海德格尔说的,我们要教孩子的,首先就是学本身,而不是别的什么东西。

也有很多父母很注重培养孩子独立思考的能力,经常问孩子一些启发思考的问题,但由于他们常常陷入以下两个误区,反而降低了孩子思考的能力和兴趣。

一、高估孩子的思考能力。很多父母习惯于用成年人的标准要求孩子,但这只会让孩子产生不必要的心理压力。而有些父母则会在孩子抛出一个抽象名词后,就认为自己的孩子具备了独立思考的能力。杜威在《我们如何正确思考》举过这样一个例子:

父母问:"为什么抽水机能抽水?"

孩子答:"因为大气的压力。"

这个时候,有些父母就会认为孩子思考出了问题的答案,但其实孩子只是给了父母一个笼统的回答,具体的操作和细节却含糊过去了。

过高地评估孩子的思考能力,不但会打击孩子的自信心和思考的积极性,还很有可能忽视孩子的知识短板。

二、预设答案。很多父母认为,孩子独立思考后,必然会得出让自己满意的答案,即使稍微有些出入,但至少大方向得是对的。这类父母急于纠正孩子的错误,强行让孩子接受自己的想法。

比如,孩子问:"为什么要读书?"父母先反问孩子:"你说呢?"孩子说:"为了挣钱。"父母立即答:"挣钱也太肤浅了,好好读书,是为了让你成为一个杰出的大人,面对生活,能有更多的选择权。"言之有理的话，很容易把一个问题转变成对孩子滔滔不绝的说教。这种预设答案，也会让孩子认为"只有父母的答案才是对的，我想的反正也不对，干脆不要想了"。

那么，父母究竟要怎么做才能启发孩子独立思考？

★ **鼓励孩子发表意见**

面对孩子的求助时，留出一段时间让孩子自己思考并发表意见。孩子发表意见前，一定会尽力思考并组织语言，这对孩子来说是一个很好的思维训练。

如果孩子的思路是错误的，父母也可以适当地引导孩子。比如，孩子英语阅读理解不会做，父母可以先问问孩子是否理解关键句、关键词的意思，如果孩子不理解，父母就要问孩子那需要怎么做？进而引导孩子去查字典，或者启发孩子朝着正确的方向思考。

★ **多对孩子进行提问**

父母可以多问孩子开放式问题，而不是封闭式的问题。所谓封闭式问题，就是指"是不是？""好不好"这一类不会让孩子进一步思考的问题。

父母可以根据孩子的日常经验和知识储备进行提问。比如，对幼儿园的孩子，可以提问："什么果子结在树上啊？你觉得……味道怎么样？"这样的问题能够引起孩子对平时生活的回忆和思考，且没有正确答案，能够避免孩子因为答错而丧失思考的热情。

★ **启发孩子寻找答案**

在孩子求助问题的时候，父母可以启发孩子去找答案。比如，孩子问:"为什么要去练字?"父母不必去陈述练字的种种好处,而可以问孩子:"练好字一定有很多好事发生,你觉得会发生什么呢?"用这样的方式促使孩子去思索。

关于一些知识性问题,如"为什么要使用环保袋""为什么要进行垃圾分类"等问题,父母也可以教孩子去书中寻找答案,或者和孩子一起寻找答案。孩子自行努力思考和寻找得到的答案,和填鸭式或死背的答案不同,会让孩子更有成就感,进而涌现出读书的兴趣。

就算你是个知识丰富的人,也不要立刻告诉孩子答案。在《悉达多》这本书里,作家黑塞描述了悉达多离开乔达摩时的一段对话:悉达多说,智慧是无法被传授的,被传授的只有知识。

不仅智慧无法传授,能力也无法传授,能传授的甚至不是知识,而是一些文字信息。教育的目的,就是让孩子学会思考,领悟知识,学会学习。

2. 让孩子把知识应用到实践

生活是知识的母体,一旦离开生活,知识的生命力就会被迅速耗尽,成为书本上硬背下来的死知识。孩子的脑子里,如果堆积过多的死知识,真正的智慧便会受到挤压。而且,随着时间的推移,这些得不到应用,也没有被理解到位的知识也会逐渐变得生疏或者被遗忘。

没有实践的学习，犹如无源之水、无本之木，导致学不深、学不透。哈佛大学知名教授大卫·珀金斯针提出了"脆弱知识综合征"的概念，他指出孩子对待知识只达到了熟悉定义、会做习题这个的程度，而不能把知识运用到真实的生活情境中，这样的知识是十分薄弱的。

真正的学以致用是，孩子能够借助所学的知识，深入思考在现实生活中遇到的问题，能够在现实生活中实践并检验知识，跨越到一个新的学习层次。

在印度电影《三傻大闹宝莱坞》中，报到的第一天，男主兰彻就做了一个简易的导电装置，来对抗学长的侮辱性行为。这个情节一出现，观众纷纷惊叹兰彻学以致用、动手能力强。

其实，盐水具有极强的导电性是一个很简单的物理知识，很多孩子都是知道的。但为什么孩子学习了这样的知识，却无法像兰彻一样将知识运用到生活中，去解决实际问题？

著名物理学家费曼曾对新生提出建议：不要尝试背诵公式，背得越多，越不利于物理知识的学习。因为物理是一个非常庞大的体系，它包含了数百万个公式，你不可能记住所有公式。即便是靠死记硬背记住了，也难以做到灵活运用。

书本上学到的知识，只有在实践中才能活起来，才能散发出别样的魅力。鼓励孩子勤学多思，大胆假设，细心求证，就能把知识转化为能力，实现自我成长。5岁的男孩睿睿因为喜欢恐龙，一直在学习相关课程。他听外公说，家附近有"怪脚印"，他很感兴趣。

国庆节，他和爸爸妈妈去外公家，在大石板上看到了凹坑，就是外公说的"怪脚印"，也被当地人叫作"鸡脚印"。他运用学过的恐龙知识，认出这是恐龙脚印，还清楚说出恐龙的类别为兽脚类。

妈妈很重视睿睿的话，就联系了专家，最后得到专家证实这的确是恐龙足迹。睿睿成为国内最小的恐龙发现者。

把知识运用到生活，不仅仅让知识产生了应有的价值，而且会让孩子对知识的记忆和感受更加深刻。同时，看到自己学会的知识竟然可以对日常生活产生影响，也会令孩子感到满足，从而激发内在的求知欲。

把书本知识和生活实际相联系的过程，也是孩子思考的过程。在这个过程中，孩子重新认识了身边的事物，掌握了解决问题的方法。

只要留心，生活处处是学问。那么，父母如何引导孩子学以致用，在生活中感受知识的魅力呢？

★ **让孩子在生活中感知数学**

数学在生活中运用非常广泛，父母可以通过让孩子参与生活计算、认识形状等，让孩子感知数学的魅力。如在餐厅吃饭时，父母可以让孩子读菜单、点单、算账和买单；在超市采购时，父母可以让孩子阅读商品的名称、介绍，计算商品价格；在旅游出行时，父母可以让孩子认清路标、查找并规划路线。

★ **让孩子把知识还原到生活中**

当孩子学到某个新知识时，父母可以问孩子：这个知识可以解决我们平时遇到的哪些问题？比如，孩子学习了三角形的稳定性特点，就可以和孩子讨论生活中有哪些物体是利用了这一特点，比如自行车架、衣架、相机三脚架等。找到运用知识的场景，在帮孩子巩固知识的同时，也培养了孩子利用所学知识解决实际问题的能力。

父母引导孩子复原这些生活场景，当孩子在生活中遇到这些问题，他就会立刻想起自己所学过的知识。

★ **让孩子运用知识解决生活中的问题**

在日常生活中，父母要细心观察，发现一些能够让孩子学以致用的问题，引导孩子去思考解决。比如，铁钉生锈，让孩子动脑想想，如何运用化学知识溶解铁钉上的锈迹。比如，水壶里长满水垢，让孩子想想如何除掉？运用的又是哪方面的知识？

家长们不仅要教孩子学会知识，更重要的是教孩子利用知识去分析解决生活中的问题，这样才能适应未来社会的需要。

只有把知识放在生活的水里，知识才能成为一条条可爱的、美丽的、活蹦乱跳的鱼。要实现知识的生命价值，就要教孩子从生活中发现知识，把知识用于实践。

3. 头脑风暴，正确的答案不只有一种

白岩松曾经讲过这样一段话："我们应该尊重孩子的思维，在小学的时候就应该让孩子知道：很多事情不止一个答案，哪怕你错

了,也是发现了一个新的思考问题的角度。未来的优秀与创造,可能就在最初某个转换了角度的错误答案中。"

受经验和经历的影响,父母会逐渐形成定式思维,习惯一个问题只用一个答案来解决,这其实是惰性思维在起作用。所以,在孩子给出一种答案后,父母不要急着下结论,可以鼓励孩子继续想,想出的答案越多越好。

父母作为孩子的引导者、教育者,要鼓励孩子发挥想象力,去寻找第二种、第三种答案……可以使用头脑风暴法,让孩子打破常规,积极思考,畅所欲言,充分发表看法。

头脑风暴无需有太多的限制,只要让孩子提出点子、验证、再提出点子、再验证就可以了。在这个过程中父母要引导孩子尽量多地思考解决方案。

头脑风暴的主题要避免太复杂,可以根据孩子现阶段的知识水平和认知范畴来确定。比较年幼的孩子,父母可以围绕服装搭配、菜品方案等生活层面的元素来展开,比如:

爸爸:"今天家里买了一条鱼,你想怎么吃?"

孩子:"炸着吃。"

爸爸:"除了炸着吃呢?"

孩子:"煎着吃。"

爸爸:"你还能想出更多种吃法吗?"

孩子:"还可以涮火锅、红烧、清蒸……"

类似的问题还有很多,父母也可以问孩子"水能够做些什么?""塑料瓶能够做什么?"以这样的小问题作为头脑风暴的开始,培养孩子的发散思维。

对大一点的孩子,父母在进行头脑风暴时,可以参考以下三个步骤:

准备好纸笔。

父母需要利用工具把讨论的主题和孩子的想法记录下来。

★ **确定主题**

父母可以在和孩子的日常互动中挖掘素材,事先多准备一些主题,让孩子盲抽一个。

★ **做好总结**

父母可以把孩子的想法都记录下,引导孩子做一张思维导图,把孩子头脑中的点子具象化,加深孩子的印象。父母也可以引导孩子给想法做归纳,比如当孩子想出了晚饭吃什么,父母可以根据食材或者烹饪方式来让孩子做归纳,培养孩子的逻辑思维。

父母在和孩子玩头脑风暴的时候,不要给问题预设答案,父母可以给孩子做示范,但不能给孩子公布答案。同时要尊重孩子的想法,不批评孩子,鼓励孩子尽可能多地想出解决问题的方法。

在游戏结束后,父母可以让孩子选出他认为最好的方法,并解释为什么,培养思考做决定的习惯。

法国生物学家贝尔纳说过:"学习的最大障碍,不是未知的东西,而是已知的东西。"孩子只有摆脱思维定式才能更好地学习,真正拥有解决问题的能力。

4. 和孩子讨论，共同解决问题

遇到难题，父母要和孩子一起面对，共同讨论，寻找方法。尤其是在孩子气馁的时候，父母的支持和帮助对孩子来说意义重大。

涵涵总是学不会运球，气得把篮球丢出去老远。

妈妈走过来问："运球是不是很难？"

涵涵点点头。

妈妈："那你要不要休息一会儿再练？"

涵涵说好，妈妈拉着他，坐在旁边的椅子上。

妈妈："跑起来运球是挺难的，咱能不能把动作拆解了练？"

涵涵："怎么拆？"

妈妈："比如，先停下来。"

涵涵："你是说，原地运球？"

妈妈："嗯。"

涵涵："那我试试。"

涵涵站起来，开始原地练习单手运球。

"曲膝，右手向下压球，球落点在脚外侧，球不要高于腰，眼睛不看球。"妈妈在旁边小声提醒。

父母和孩子讨论问题时，要注意自己的态度，理解孩子的感受和需求。平等而互相尊重的沟通是让孩子打开心扉，接受意见最好的办法。

爸爸被老师告知露露上课玩手机，要没收她的手机并记过。露露对爸爸说:"我只是想拿手机查单词,结果手机自己跳转到游戏页面了,正巧就被老师看到了。"

爸爸不相信露露的手机会自动打开游戏页面,更不相信露露上课拿出手机只是为了查单词。爸爸抑制不住自己的怒火,大声责骂露露,而露露也委屈地边哭边叫。爸爸想要女儿知道自己是担心她沉迷电子游戏而无心学习,而露露却因为爸爸不相信自己而感到愤怒。

很多时候,出现问题是无法避免的。父母和孩子讨论问题时,一定要心平气和,不要把愤怒的情绪放大。而寻找问题产生的原因更像是在追责"是谁犯的错",这样就很容易让双方在沟通时推卸责任,或者产生埋怨、恼怒的情绪,这对解决问题毫无益处。因此,父母应该把注意力转移到如何解决问题上。一旦双方开始用大脑思考,情绪就会慢慢平缓下来。询问孩子解决办法,也是在帮助孩子梳理思路。有了思路,孩子也会更加积极地面对问题。

在和孩子讨论问题时,父母可以参考简·尼尔森博士的《正面管教》,书中要求父母做到"和善与坚定并行"。其中,和善就是要尊重孩子,让孩子感受到自己是被爱的、被理解的。而坚定就是坚持原则,不因孩子的任性撒娇而改变。这样的态度,更容易让孩子认同并接受父母的帮助。

互相解决问题要以互相合作为基础,在和孩子沟通时,父母可以按照以下几个步骤进行。

★ **询问、表达需求**

询问孩子的感受和需求,并对此表示尊重和理解,这是双方沟通的基础。比如，孩子喜欢的明星即将要开演唱会，但不巧的是当天孩子要去上补习班，孩子不知道该选哪一个。父母可以说："我知道你期待这场演唱会很久了，但考试马上就要到了。这个选择对你来说太难了。"孩子一听，就会觉得爸妈了解我的情况，也尊重我的爱好，自然愿意听听父母的建议。

紧接着，父母可以用委婉语言表达自己的需求："能去看演唱会，肯定是很棒的体验，而且机会难得。但如果去看演唱会，就会耽误考前复习。而且演唱会结束得太晚了，我会担心你的。不过，无论你怎么选，我都会尊重你的。"

★ **和孩子一起找出最好的解决方法**

和孩子讨论的过程中，父母可以和孩子提出各自的解决方案，并把这些解决方案记录下来。注明哪些是父母的意见，哪些是孩子的意见。尽量多想一些解决问题办法来，不要做任何评价。

然后，和孩子一起剔除掉双方都无法接受的方案。再客观地帮孩子分析每种选择可能会造成的不同后果，接着询问孩子："你想要选择哪个方案？"孩子感受到父母的尊重，会更加慎重地做出选择。

如果和孩子经过几次讨论还是存在分歧，父母也不要灰心，这可能是由于父母的态度没有调整好，孩子看不到父母的尊重和善意，不接受生硬的讨论。或者是因为孩子年龄小，这种讨论超出了他的认知范畴。因此，这就需要父母和孩子的长期坚持，不断练习。

无论是父母还是孩子，遇到麻烦都不会轻松。但父母可以和孩子一起解决问题、互相尊重、一起努力、共同成长。

5. 培养孩子用逆向思维解决问题

逆向思维，也称求异思维，它是对司空见惯、已成定论的事物或观点反过来思考的一种思维方式。很多问题无法用常规的办法解决，却因为"反其道而思之"，得以轻松解决。

在拍摄电影《大白鲨》时，工作人员惊讶地发现：这条道具鲨鱼无法进行撕咬、游泳等动作，甚至因为材料不防水，鲨鱼已经泡发了。已经没有时间和经费去换道具了，但问题该怎么解决呢？

导演重新思考了一下问题，影片是要突出鲨鱼的恐怖，因此只要让鲨鱼能够吓到观众就可以了。导演不再纠结鲨鱼道具，而是顺着问题反向思考，如何才能够让观众感到恐惧呢？他想到在游泳时，看不到水底有其他东西，未知的感觉才是最恐怖的。所以，导演在拍摄时只让鲨鱼的一部分出境，突然出现又突然消失，再配上紧张的音乐，成功地营造出了恐怖的氛围。

习惯使用逆向思维的人，会将复杂的问题简单化，在数量众多的解决方法中找到最合适的方法，轻松高效地解决问题。而孩子学会用逆向思维分析问题，在面临困难时，就会尝试从不同角度找到问题的解决方法，游刃有余地解决问题。

根据思维的角度不同，逆向思维的类型一般可以分为三种：

1. 反转型逆向思维法。这种思维方法主要从已知事物的功能、结构、因果三个方面进行反向思考。

2. 转换型逆向思维法。这种思维方法是指在解决问题时一种方法行不通，然后换一个角度思考问题，选择另一种方法继续尝试。司马光砸缸就是一个能够体现转换型逆向思维法的例子：司马光不能爬进水缸救人，因而他就换一个角度思考问题，选择砸破水缸让水流出来。

3. 缺点型逆向思维法。这种思维方法是指寻找事物缺点的价值，很多时候事物的缺点换个环境就会变成优点，我们经常说的"变废为宝"就是利用了这种思路。

逆向思维，是一种强大的思维工具。它能让孩子从中探索到更多解决问题的方法，也能提高孩子的创新能力，帮孩子独辟蹊径解决问题。逆向思维的好处显而易见，父母可以从生活中的小事着手，结合孩子的认识发展情况培养孩子的逆向思维，教孩子运用更加灵活多变的方式解决问题。

★ **经常转换说话的方式**

父母可以先说一句话，然后让孩子换一种说法表达。比如，父母说"桃子被我吃了"，让孩子把这句话换一种说法，如"我吃了桃子"。这样可以让孩子明白，可以从自己和苹果两个角度看待这同一件事。

等孩子的理解力强了，父母可以说一些更为复杂的话，让孩子来转换表达方式。

★ **多问孩子非常规的问题**

父母可以问孩子一些问题,比如"怎么才能让住在南极的人买扇子?""怎么让不爱运动的小朋友去爬山?"孩子说出自己的答案后,父母也可以把自己的答案告诉孩子。这些问题能让孩子深入分析并认识问题中出现的事物,培养孩子的逆向思维。

★ **鼓励孩子和自己辩论**

父母可以针对孩子日常遇到的问题提出观点,让孩子换一个观点和自己辩论。例如,父母的观点是"小胖跑不快是因为平时不运动",然后鼓励孩子说出不同的观点,如"小胖跑不快是因为没有穿专业的跑鞋"等,这能培养孩子从不同的角度分析问题的能力。

★ **和孩子玩口令游戏**

父母可以和孩子玩一些口令游戏来培养孩子的逆向思维。比如,父母说"哭"让孩子做一个"笑"的表情。父母说"坐下",让孩子立刻站起来。父母可以对游戏进行进阶,比如,父母指出大的碗,让孩子找到小的碗。父母拿一个红色的蔬菜,让孩子找到绿色的水果。父母还可以说一个词语,让孩子说出对应的反义词。这些都可以让孩子认识到事物之间的联系,锻炼孩子的反应速度和逆向思维。

很多问题都会让人们束手无策,但如果尝试换种角度去看待问题,就能豁然开朗。

6. 在游戏中培养孩子解决问题的能力

美国进化生物学家马克·贝科夫把玩耍比作万花筒，他认为玩耍具有随机性和创造性，因此能提升孩子的灵活性和创造性。这是因为，孩子在玩耍的过程中的情绪状态是轻松愉悦的，这不仅能缓解因为难题而带来的紧张情绪，也有助于孩子冷静思考问题、吸收知识。所以，父母可以借助游戏的契机，培养孩子解决问题的能力。

莎莎在玩角色扮演游戏，她扮演一家水果店的老板。"今天新到的樱桃、苹果、杧果，快来买啊。"但是，喊了半天，也没一个人来买。

这时候妈妈扮演的顾客，挎着个篮子，拉着姐姐说："哎呀，听说拐角那家水果店打折了，还有礼品送啊，我得赶紧去看看。"

莎莎停止了吆喝，想了想，找来一张纸，在上面写了一句话："进店领礼品一份，数量有限，领完即止！"这一招效果不错，吸引来了好几个顾客进店领礼品。

妈妈扮演的顾客也被吸引进来了，但她什么都没有买就走了。一边走，一边嘟囔："那个杧果真心不错，就是有点贵。"

为了让进店的客人下单，莎莎又想出一招。"下单满10元，享受9折优惠。满20元，享8折优惠。最高享受5折优惠。"

角色扮演游戏属于象征游戏，孩子在游戏中发挥自己的想象力和创造力，假扮各种人物。各个年龄段的孩子都对这种游戏情有独钟。父母可以在和孩子玩角色扮演游戏时制造各种各样的困难,孩子则根据不同的情况来寻找解决问题的办法。

玩角色扮演游戏时,父母需要给孩子提供丰富游戏材料和自由的游戏体验。父母在和孩子玩游戏时,要相信孩子拥有独立解决问题的能力,放手让幼儿去思考、尝试和改进。在孩子陷入困境时,父母也可以适当为孩子提供经验支持。角色扮演游戏通常是对现实生活场景的再现,其中遇到的问题也多半是真实发生的,父母可以借助实际生活来引导孩子去寻找解决方法。

在孩子搭积木、做手工、过家家、捉迷藏的过程中,需要不断地去尝试、思考,甚至经历失败,而这就是孩子学习解决问题的途径和方式。特别是对年幼的孩子而言,真实的体验一定优于抽象的知识,父母可以在游戏中按照"构想—实施—改进"的逻辑,帮助孩子学习解决问题。

比如,孩子要玩积木,父母可以问问孩子:"你想怎么玩积木?"孩子如果说要用积木搭一个城堡,父母就可以顺着孩子的想法问下去,"怎么做才能搭出城堡呢?"当孩子搭好后,父母孩子可以问孩子,"有哪里不满意想要改一下吗?""你还想搭出其他样子的城堡吗?"

在这个过程中孩子就不自觉地运用了解决问题的方法"构想—实施—改进"。父母可以举一反三,把这个逻辑应用到孩子所有的玩耍游戏中。

比如,孩子要玩角色扮演游戏,父母就可以询问孩子的构想:

"你想要扮演谁？"，然后询问孩子如何实施："这个角色一般都做什么事情？穿什么样的衣服？"最后询问孩子怎么改进："这个角色在还可以做些什么？"

父母也可以在孩子阅读绘本时建立逻辑。父母可以首选冒险类的绘本，在给孩子读故事的时候，问一问孩子"主人公遇到什么困难了？如果是你会怎么解决？"父母可以把孩子解决问题的方法记录下来，让孩子选出最好的方案。这样孩子在享受绘本的同时，也和主人公一起解决了问题。

父母在游戏中培养孩子解决问题的能力，同时也要注意以下两点。

★ **减少对游戏的介入**

在孩子玩耍的全过程中，父母可以陪孩子一起玩，但不要给孩子太多建议。父母可以观察孩子在游戏过程中的反应，分析孩子的游戏需要，推测孩子的能力水平，这样当孩子真正需要帮助时，父母就可以及时提供帮助。

比如，很多孩子在游戏时会处理不好和同伴之间的人际关系，这时候父母可以给孩子一点引导，可以让孩子开展真心话游戏，让孩子们自己在游戏中打消隔阂，学会道歉和原谅他人。

★ **鼓励孩子在游戏中创新**

在游戏过程中，孩子会使用很多器械和玩具。父母可以鼓励孩子展开想象，发明创造新的"玩具"，比如女孩子会在过家家中给娃娃做新衣服，男孩子会在战斗游戏里自制装备，等等。

在游戏结束后,父母可以让孩子分享自己在游戏中想法:哪里最好玩、哪里还需要改进,鼓励孩子去优化游戏。

孩子需要认识、了解世界。健康有趣的游戏能够增加他们的认知体验,让他们快乐学习知识的同时,培养解决问题的能力。

7. 鼓励孩子向别人寻求帮助

美国神经心理学家路易斯·科佐利诺说过,"一个孩子的生存竞争力,不取决于他自己能够做多少事,而取决于他能够获得多少人的帮助。"人与人之间既相互独立又相互依赖,我们需要有"自己的事情自己做"的意识和能力,但没有人能够完完全全脱离他人的帮助,向别人求助是每个人都不可或缺的能力。

孩子懂得求助意味着他知道自己的能力有限,也明白有人比自己更强大,这既是一种谦虚,也是一种智慧。善于求助的孩子,能够客观地认清自己和他人,懂得整合一切可以利用的资源,灵活运用,随机应变。

哈佛商学院做过关于向他人求助的实验,从而得出了两个结论:一、为了维持自己在同伴眼中的能力水平,人们的求助意愿会降低。二、相比没有求助的学生,被求助的学生认为求助者更有能力。并且,问题的难度越大,求助者得到的认可度越高。懂得求助的人非但不会让人看低,还能赢得他人的尊重,而这样的人在团队合作中也更受欢迎。

孩子在向父母求助的时候,很多父母只会一味地鼓励孩子自己尝试,或者批评孩子太依赖别人。这些行为仿佛是在告诉孩子:向外界求助是不对的。受这种心理影响,孩子慢慢就会养成不求助他人的习惯,一切都靠自己硬撑,直到陷入孤立无援的境地。

因此,父母要培养孩子独立解决问题的能力,也要教会孩子在必要的时候求助。

乔乔被一道数学题难住了,爸爸鼓励他:"乔乔,只要你努力,就一定可以做出来。"但乔乔绞尽脑汁还是没有做出来。乔乔说:"我已经尽全力了,还是做不出来。"爸爸对乔乔说:"你不够努力。"乔乔想要反驳爸爸,但爸爸的下一句话让他愣住了,爸爸说:"你还没有尽全力,因为你没有来问我。"

那么,如何教孩子有效求助?

★ 教孩子判断是否需要求助

向父母求助时,孩子可能会很暴躁或者慌张,这时就需要父母平复孩子的心情,引导孩子分析问题,判断解决这个问题是否需要向他人求助。

★ 教孩子学会选择求助的对象

遇到困难时,是向一个人求助还是向一群人求助?答案是向一个人求助。心理学中有一个名词是"旁观者效应",这个词的意思是:在紧急情况下,旁观者越多,他们中的任何一个人提供帮助的概率也就越低。所以,孩子最好在一群人中找一个人寻求帮助,这样不容易被拒绝。

在陌生的场合，孩子也要能够分析什么样的人可以给自己提供帮助，通过路人的衣着打扮、神态举止来判断这个人是否有时间、有意愿帮助自己。比如，孩子向衣着休闲的小情侣求助获得帮助的概率，一定要大过向步履匆匆的商务人士求助。

父母也可以让孩子记住一些地标，比如银行、公安局和商场等，待在这些地方比较安全，其中的工作人员也都愿意帮助他人。

研究证明，帮助别人会获得更高的自我认可度，同时也有机会产生更多的社会联系。很多人都是乐于给其他人提供帮助的，父母要让孩子意识到这一点，不要因为担心给别人添麻烦，而不好意思求助。

★ 教孩子降低求助的复杂程度

尽量降低别人帮助自己的成本，孩子更容易得到帮助。

向周围的人求助，要让孩子只提出最简单、最具体的要求，而不是让对方替自己做完所有事情。比如，孩子想要橘子，但橘子放在冰箱里，自己拿不到。这个时候，父母可以教孩子说"您能帮我拿一个橘子吗？"而不是"我想吃橘子"，因为前者表达更为精准，求助者更容易理解该怎么做。

如果孩子遇到很复杂的问题，父母可以让孩子事先记住电话、住址、父母的姓名等基本的家庭信息。这样孩子只需要询问对方是否愿意借给自己电话，或者帮自己打电话，联系爸爸妈妈就可以了。

孩子懂得独立不意味着什么都要自己扛，孩子的一生会遭遇无数的风吹雨打，适时的借力能够让孩子活得更轻松、更顺利。

第四章 阅读的能力让孩子受用一生

1. 阅读力的培养要趁早

培养孩子阅读力的时间越早越好，一般认为，0～6岁是培养孩子阅读的关键期。也就是说，在孩子0岁时，就可以开始接触读物了。

糖糖的妈妈从怀孕起就坚持每天给孩子讲故事。糖糖出生后，妈妈每天读绘本和童书给孩子听。5岁那年，糖糖已经可以自己专注地阅读各种图书。10岁时，糖糖差不多已经读了1500册书。

大多数父母会陷入一个误区：孩子识字才能阅读。事实上，阅读的概念非常广泛：人们通过文字、图像、颜色来理解并传达信息就是阅读。很多父母重视识字而忽视阅读，这样孩子就会失去在阅读中激发想象力和创造力的机会，也无法体验阅读的乐趣，爱上阅读。

虽然孩子还不识字，但他可以通过读书的声音、书中的图画来体会阅读的乐趣。1岁以内，父母可以给孩子读书，依靠朗读刺激孩子的听觉。1～2岁时，可以陪孩子阅读简短的无字图画书。然后，慢慢地，让孩子从逐渐从借助听觉、视觉的阅读转向文字阅读。因此，不识字并不妨碍培养孩子的阅读兴趣。相反，父母可以从孩子出生就让孩子尝试阅读，激发孩子的阅读兴趣、积累阅读经验，并逐步提高在阅读过程中获取信息的能力。

英国十分重视培养孩子的阅读习惯和阅读兴趣。在英国，有96%的图书馆提供针对0~5岁孩子的阅读服务。如"阅读起点"活动、"童谣时间"活动等。其中"阅读起点"活动，是全球第一个国家性质的婴幼儿阅读推广计划。阅读能够保证学龄前孩子在智力、情感和社会能力的发展，入学后，热爱阅读的孩子在学习上也会更加顺利。

哈佛教授汤姆丽指出，如果错过了孩子6岁前的读书敏感期，且如果家庭没有读书氛围，那么往后孩子就会很难产生阅读的兴趣和热情。即使父母在之后的一两年内致力于培养孩子的阅读力，这些孩子也很难追上在6岁之前就拥有阅读基础的孩子。

阅读是学习的基础，它和理解、眼界、思考、表达等学习能力联系密切，是孩子成长中不可缺少的助力。在陪伴年幼的孩子读书时，父母可以参考以下两点。

★ **增强孩子的参与感**

父母在给孩子反复朗读绘本时，可以适当停顿，让孩子朗读关键的词、句或情节。在孩子接触到新的读物时，父母可以引导孩子分析故事情节，并预测接下来会发生什么。

父母在陪伴孩子读书时，可以引导孩子把好的句子或者词语用铅笔画出来或者做个记号，下次孩子再读这本书时，就会注意到自己在书上留下的痕迹。

阅读结束后，父母可以和孩子讨论故事。父母可以让孩子用语言、文字、图画或者其他形式来表达自己的阅读体会。

父母可以设计安排阅读延伸活动。比如，孩子喜欢美食，就给他买美食杂志，鼓励孩子亲手制作美食。孩子结合书中的描述，对比自己的作品，做一些改进和心得记录。

注意，父母的引导要适度，不能过于频繁，降低孩子的阅读体验。

★ **在阅读中烘托氛围**

父母在给孩子读书时，可以通过改变自己的声音、表情来渲染气氛。如果书中配有插图，父母可以带着孩子仔细观察，帮助孩子理解想象。父母也可以配合故事情节来改变语速，比如，紧张刺激的情节父母可以压低声音、加快语速。另外，父母在读书时，要尽量放慢语速，这样有助于孩子记忆、思考。

父母和孩子每一天的坚持和努力，都会变成孩子的阅读力，助力孩子未来的学习和生活。

2. 经常带孩子去图书馆

有人对全球各领域的精英做过调查，发现了他们的一个共同点：喜欢去图书馆看书。而著名心理学家李玫瑾教授则建议，父母可以经常带孩子去图书馆，这比在家看书更有意义，能让他们未来的眼界和格局大有不同。

阅读是孩子认识外界的主要渠道，而图书馆就是让孩子接触到无数书籍、养成阅读习惯的重要场所。父母经常带孩子去图书馆，孩子就会爱上阅读。

周末，爸爸带着可可去了图书馆。这是可可第一次到图书馆，看到图书馆里成排的书架和数不清的书籍，可可不知道自己该做些什么。爸爸看到了孩子的迷茫，询问图书管理员这里有没有适合可可读的书。管理员把父女俩带到了儿童阅览室，琳琅满目的绘本和各种书籍一下子吸引了可可的注意力。

但可可挑花了眼，不知道该选哪一本。这时爸爸指着一本绘本对可可小声说："这不是你常看的动画片里的角色吗？"可可顺着爸爸的指示看过去，果然是自己喜欢的卡通角色，兴奋地对爸爸说："爸爸，我要看这本！"

可可的声音立刻引起了其他孩子的注意，可可看到其他人都盯着她，立刻捂住嘴巴，轻手轻脚去拿书。拿到书的可可看着其他安静读书的小朋友，也强迫自己把注意力集中在书本上。一向不爱读书的可可就这样不知不觉地看入迷了。

很多父母相较于带着年幼的孩子去图书馆，更喜欢让孩子在家里读书。其实，相较于在家读书，图书馆里的环境更容易让孩子沉浸到阅读之中。因为图书馆内有很多人在安静地看书，在"从众效应"的影响下，孩子会不自觉地和大多数人保持一致，这就是为什么去图书馆会激发孩子阅读兴趣的原因。

有些孩子本身就对阅读感兴趣，但容易被其他事物分散注意力。这样的孩子在图书馆,会受到"社会助长效应"的影响,因为本身就有读书的想法,再看到其他人在认真阅读,孩子的竞争意识就会被激发出来,更加专注地看书。

班杜拉认为"观察学习"是人类学习的重要形式。在图书馆看书的过程中孩子会观察其他人,看到有读书认真的人孩子就会模仿。久而久之即使是原本对阅读毫无兴趣的孩子,在长期模仿后也会形成习惯。

而大部分图书馆都明亮整洁、阅读氛围浓厚并且配套设施完善,这样的环境会刺激孩子对阅读的渴望。而图书馆内数量庞大、种类繁多的图书则会拓宽孩子的阅读范围,让孩子更容易找到感兴趣的图书题材。

很多父母都觉得图书馆只是看书、借书、学习的地方,其实现代图书馆还会提供许多其他的服务。比如,各种展览、音像放映、作家讲座、阅读活动和公益活动。孩子通过在图书馆体验各种活动,来领略阅读和书籍的魅力。另外,现在也有很多专门针对孩子的儿童图书馆。孩子在儿童图书馆里不必规规矩矩、安安静静地坐着读书,他们可以和同龄人一起讨论、实践阅读过的内容。

为了让孩子收获更好的阅读体验,同时也不影响他人的阅读,父母需要注意以下两点。

★ 让孩子提前熟悉图书馆

父母在带孩子去图书馆之前,可以告诉孩子一些关于图书馆的常识。比如,图书馆有很多书并且都是分类摆放的;如何找书、借书；不能大声喧哗、到处乱跑；不能弄坏弄脏书本，等等。

父母在确定好要去哪一家图书馆后，可以关注图书馆的公众号，了解图书馆的规则、活动和设施。同时，父母可以把图书馆的特色告诉孩子，引起他的兴趣。

★ **制定图书馆攻略**

父母和孩子一起制定好一份图书馆攻略，让孩子明确自己要看哪几本书，如何找到书籍、体验图书馆活动等，让孩子的图书馆之行充实、有收获。

在去图书馆之前，父母可以根据孩子的兴趣来锁定书籍。比如，孩子喜欢小马宝莉或者其他卡通形象以及童书，父母就可以引导孩子搜索相关书籍。父母也可以根据孩子喜欢的作者来引导孩子筛选书籍。

图书馆大多是联网的，父母可以利用网络直接搜索书籍。这样做的好处是孩子提前挑选书籍，到了图书馆直接找书、看书，避免了孩子面对太多书籍无从下手，或者看到一本拿一本的情况。

如果孩子喜欢阅读，父母需要考虑到孩子会借很多本书的可能，准备一个收纳袋来装书。

父母找一个空闲的假期带孩子去图书馆吧！当孩子走进图书馆，父母就是送给了孩子一个充满精神财富的宝藏。

3. 有远见的父母都在"逼"孩子读名著

"名著就是那种人人都说好,但不怎么读的书。"马克·吐温的这句话说出了大家对名著的定位。很多名著即使父母都读不下去,孩子真的有必要读名著吗?

所谓名著,就是流传时间久且范围广的文字作品。这类作品不仅具有极高的文学价值,内容涉及社会、自然、人性等各个方面,还能呈现出不同时期、不同国度的人文风采。其实,名著的体裁包含童话寓言、散文诗歌和各种类型的小说等,各个年龄段的孩子都能找到适合自己的名著,在名著的世界受益匪浅。

冰心小时候每天都会听舅舅讲一段《三国演义》,但舅舅每天只讲半小时。已经对故事入迷的冰心就自己找来了《三国演义》,即使她一开始看不懂,但一知半解地读下去居然也看完了整本。因为这件事,冰心对阅读的兴趣一发不可收拾,接着就是《聊斋志异》和《水浒传》……11岁时冰心看起了《茶花女》等一些外国名著。12岁时冰心开始挑战《红楼梦》,小小年纪的她,虽然不太理解其中的一些内容,但还是坚持了下来。童年时坚持读名著的经历让她爱上阅读,"读书好,好读书,读好书。"就是冰心一生践行的阅读守则。

我国知名学者周国平建议孩子从小读名著,他认为阅读名著可以给孩子打好基础,看出不同书籍、不同思想的优劣之分。名著经过了时间的考验,其对文字的运用和要表达的价值观都是没有问题的。长期阅读名著会无形间改变孩子的思想,让他能够更客观地看待周围的环境，不被外界所左右。而名著蕴含了各个民族的智慧，《论语》《孙子兵法》这些名著中的很多观点都可以指导孩子如何为人处世。

名著中刻画了数不胜数的正面人物，比如《费列格游记》《鲁滨孙漂流记》《希腊神话》，尽管这些主人公经历不同，但他们都具备坚强勇敢、善良机敏的品质。通过阅读名著能够体验主人公的经历，体会主人公的所思所想，有助于孩子找到自己的榜样。《假如给我三天光明》《爱的教育》这类作品，教给孩子的智慧远比父母和老师教的更深刻和有意义。

另外，很多非小说类名著阐述观点的逻辑、写作方法和修辞表达都是一流的，足够成为孩子的写作范本。这类名著有系统的知识体系，比如，如果孩子阅读了《时间简史》，就能全面认识"宇宙大爆炸"理论，理解它的地位和意义。因此，阅读这类名著可以避免让孩子思维浅薄和片面。

读名著的好处显而易见，但大部分名著对孩子来说还是太过晦涩乏味，孩子可能读不好、读不快甚至读不完。因此，父母对孩子的引导和督促就至关重要。

★ **激发孩子的阅读兴趣**

父母可以在平时多给孩子讲一讲名著中的精彩情节。比如，如果想让孩子读《三国演义》，父母可以给孩子讲一讲三顾茅庐、草船借箭等有趣的情节。父母也可以为孩子介绍作者生平或者与名著关联的重大事件，激发孩子的阅读兴趣。

父母也可以先让孩子读名著的介绍、节选，让孩子了解名著的大致内容。父母还可以让孩子读一读名著的简写本或者儿童版。其中，父母要仔细选择质量比较好的版本给孩子阅读。

★ **先通读后精读**

读名著的目的不是为了让孩子完成阅读任务，而是要让孩子在读名著的过程中有所收获。

在读名著的过程中，父母要让孩子先通读后精读。父母可以让孩子先快速通读一遍，大致了解这本书的内容，并且让孩子标记重要的部分。孩子看完一遍这本书后父母需要让他再精读一遍，最好可以做读书笔记。

在这个过程中，父母可以和孩子讨论名著的内容，让孩子看一看其他人的书评。但无论什么方法，父母都需要保证孩子阅读原著至少两遍，加深对这本书的记忆和认识。

德国著名作家赫尔曼·黑塞说过："世界上任何书籍都不能带给你好运，但是它们能让你悄悄成为你自己。"阅读名著不一定会让孩子走向成功，但名著会像清新的空气、美味的食物一样，在不知不觉中融入孩子的血液，支持孩子找到更好的自己。

4. 亲子共读，到底应该怎么读

没有几个孩子会无缘无故喜欢上阅读，通常孩子需要父母的引领才能体验阅读的乐趣。很多时候，父母通过阅读参与孩子的人生,而孩子也会因为父母的陪伴赋予阅读不一样的意义,爱上阅读。

有人针对不同国家、地区的 5000 个 15 岁的孩子进行了调查,结果发现:从小有父母陪伴阅读的孩子,他们的阅读能力远超同龄人。亲子共读的作用很明显,但怎样才算是亲子共读呢?

很多家庭,孩子一出生父母就会给孩子读书听。即使再忙,父母也会保证每天有几分钟和孩子一起读书的时间。其实,父母和孩子能够亲子共读的时间是很少的,无非是孩子睡前或者周末的空闲时间,选一本孩子感兴趣的书,父母不必一口气把整本书读完,可以提前把故事拆成几天的份。然后提前和孩子定好固定的读书时间,可以是几分钟也可以是半小时,这主要看孩子的理解和吸收能力。

很多父母给孩子读绘本时,可以不要照着一字一句地读。对于比较语句简短,重复率较高的绘本,父母可以照着念,因为富有韵律的声调,对于 0~3 岁的孩子来说更容易学习并记住。

而对于句子较长的故事绘本,如果孩子年龄小,不能理解一些书面表达,听的兴趣就会降低。父母可以根据主题,转换更生动形象、易于理解的语言,让孩子听得懂。

3 岁以上的孩子,他们看的绘本篇幅更长、情节的逻辑性更强,听读原文更有利于锻炼孩子的阅读、思考能力。但这也不是说父母只能一丝不苟地照着书念。在不破坏故事情节的前提下,父母可以和孩子进行更多的互动。在孩子熟悉了整本书之后,父母可以结合故事和孩子做一些互动,激发孩子对故事的兴趣,也让孩子对故事的印象更深刻。

比如，一些故事性强的绘本，父母在读完后可以和孩子一起表演出来。说是表演，其实游戏的成分更多。父母和孩子可以选择借助道具，也可以全凭想象，关键是让孩子在轻松愉快中感受故事。

另外，当孩子遇到不理解的书面语时，父母可以用简单的词汇给孩子解释，例如，"智者"，就是非常聪明的人。通俗的解释能够让孩子理解读物的内容，同时加深对书面语的理解。亲子共读中最重要的是，站在孩子的视角去理解所读内容。教育家蒙台梭利曾经讲过一个案例：

母亲给两岁多的儿子买了一本书，并给他讲述："小男孩桑布收到了很多的生日礼物。但在回家的途中，一只猛兽抢走了他的礼物。哭着回家的桑布在父母的安慰下不哭了，开心地坐在餐桌前吃饭。"这时儿子突然指着封底对妈妈说："不对，他在哭！"妈妈看过去，发现书上的确画了一个哭泣的桑布。

年幼的孩子对事物的认知和感受和成年人非常不同，这一点在父母给孩子读书时会体现得更加明显。因此，父母在读书的时候要紧跟孩子的节奏，留出时间和孩子一起仔细观察书中的细节。拿到一本书，父母可以先和孩子观察封面，看看封面隐藏的信息再和孩子阅读。至于书中的插图，父母可以引导孩子对比插图和文字，或者找一找插图有哪些元素。父母保持耐心引导孩子仔细阅读，孩子就会找到更多的阅读乐趣。

高质量的亲子共读不仅能提高孩子的阅读能力，还是父母与孩子的情感纽带。那么，父母在亲子共读时需要注意些什么，才能让这成为孩子回忆中的宝藏？

★ 多和孩子讨论

父母可以和孩子讨论书中的词句、图画或者整个故事。讨论的话题可以是孩子这本书的看法，也可以是孩子的困惑，但一定都要是孩子感兴趣的内容。

在讨论的过程中，父母可以把书本带入现实。比如，孩子明天要去动物园，父母就可以问孩子"如果是这本书的主人公，他会在去动物园前做什么？""去动物园你能不能做到像这本书的主人公一样有礼貌？"这样的问题可以引发孩子的联想，加深对书本和生活的理解。

★ 提问和拓展

一本书包含了很多父母可以提问的内容，父母可以就图画、数字、颜色、动作等各个方面提问。父母适度的提问会勾起孩子的好奇心，孩子蹦出一两个词父母就可以放过这个问题了。

父母向孩子提问的同时，孩子也有可能会问到父母。比如，孩子可能会问"为什么这棵树到秋天还是绿的？""潜水艇是怎么下海的？怎么才能做一个潜水艇？"面对这些问题，父母可以带领孩子一起查资料，然后用孩子能够理解的语言告诉孩子。

亲子共读就是父母和孩子借助阅读亲密、愉快地相处。因此，时间的长短不是重点，让孩子感受到父母的用心和爱才是关键。

5. "听书"不能代替阅读

"听书"这个新兴的模式逐渐取代了"看书"走进公众的视野。只要利用各种软件、平台就可以随时随地地听书,这种便捷的"阅读方式"立刻获得了孩子们的欢迎。

相关调查显示,近8成的父母从孩子3岁起就培养他们的听读能力,3~7岁是孩子中听书最多的年龄段。同时,"听书"在孩子日常生活中所占据的时间也非常可观。近6成孩子每次的"听书"要花费半小时以内的时间,而有3成左右的孩子每次听书时间在半小时到一小时。

"听书"是晴晴和妈妈每天必做的一件事情。接送的车上、吃饭的桌子上、睡前的床上……妈妈和晴晴都在听书。

那么,听书能不能代替阅读?

美国弗吉尼亚大学的心理学教授丹尼尔·威灵厄姆博士认为,从大脑处理文字和声音的生理过程来看,"听书"与"读书"几乎没有差异。

根据心理学上的阅读模式,阅读的过程可以分为"解码"和"语言处理"这两个步骤。"解码"是大脑将一组字符翻译成有含义的单词,"语言处理"是大脑对书中的词句、故事和思想加以理解。

阅读过程中必须先"解码",再进行"语言处理"。一般人们在小学毕业后就获得了"解码"能力。因此对于成年人来说,"读书"

和"听书"只涉及"语言处理"过程，"解码"已经成为大脑的本能。所以，对成年人来说，听书和读书没有什么不同。但对孩子来说却不是这样的。

在儿童心理学家看来，对孩子而言，机器放出的音频无法替代父母的声音和文字阅读。在和孩子阅读纸质书籍时，孩子可以根据自己的节奏来"翻页"，但如果孩子从音频中获取内容，孩子的阅读节奏就只能跟孩子音频走，而无法利用视觉获取更多的信息。

对孩子来说，"听书"不能代替阅读。不过，父母可以利用"听书"激发孩子阅读的兴趣。对于人们在"听书"后阅读兴趣不减反增的现象，丹尼尔教授解释说："听书"时人们可以把全部注意力放在理解故事或感受文字之美上，产生自己的阅读能力有所提升的认知。因此，孩子通过"听书"会逐渐对自己的阅读能力更有信心时，进而爱上阅读。

美国某所大学对参加有声书社团的学生做了调查：在加入社团之前，大多数学生表示他们不喜欢阅读。参加社团之后，有9成以上的人都觉得自己是个优秀的读者。有声书让他们对阅读更有信心，也更愿意去尝试阅读。

"听书"让孩子的阅读更加简单、更加生动。"听书"不能代替阅读，却可以让孩子走近阅读。因此，父母不妨把听书作为孩子碎片化学习的方式，启发孩子阅读的方法。

★ **父母督促、听读结合**

孩子听有声书可以减少父母大量的陪读时间，但父母也不能就此撒手不管了。父母可以和孩子一起听，保证孩子每天听一些必要的学习内容，保证孩子的听书状态。

父母可以让孩子有声书和纸质书搭配使用。有实验证明，边听边看会让孩子在阅读时同时利用多种感官，建立声音和字符的联系，对阅读内容的理解更快速、更深刻。

同样，父母需要坐在孩子身边，引导孩子把听到的内容和看到的而文字、图画对应起来。

★ **重复播放音频**

当孩子已经阅读了书本上的内容后，父母不妨把对应的音频多放几遍，当孩子听反复数次听同一个就会形成声音记忆，这样会让孩子对看过的内容逐渐熟悉。

父母可以制作一个听书计划表，根据孩子的阅读情况来决定一本书播放多长时间，到了时间就换下一本。最好的效果就是孩子能够背诵或者转述书中的内容。

★ **有规律地听书**

父母可以在特定的时间段让孩子听书，比如通勤的车上或者刚到家的时间，一段诗歌或者故事能够一定程度上缓解孩子的疲惫。晚上一段舒缓的音频可以帮助孩子更好地入睡，而早起时听书能够帮孩子打起精神。

唯有兴趣才能让孩子坚持。只要是能燃起孩子对阅读兴趣的事物，父母都应该引导孩子多尝试。听书让孩子的阅读更容易"上手"，但孩子从"听"到"看"的过程还需要父母的努力和坚持。

6. 平衡学习和看课外书之间的冲突

很多孩子拿起喜欢的课外书就如痴如醉，将自己全身心地沉浸在书中的世界。孩子喜欢看课外书是好事，但当孩子为了看课外书而废寝忘食，影响身体健康和学习成绩时，大多数父母就选择阻止孩子看课外书。

快期末考试了，金金复习累了，就拿出福尔摩斯探案集看。妈妈突然推门进来，看到他居然在看小说，一下子就火了："你不知道快考试了吗？平时看也就算了，都这时候了，你还看？"不等金金解释，妈妈就抢过书，一把撕破了。

父母禁止孩子看课外书，主要是担心孩子看课外书会占据学习的时间，影响学习成绩。其实，多看课外书涉及各个领域的知识，不仅可以提高孩子的语文成绩，还能开阔孩子的眼界。

即使有些孩子因为过于沉迷课外书而导致学习成绩下降，父母也可以通过积极引导，合理安排时间，调和阅读和学习之间的矛盾。甚至还可以通过孩子的阅读兴趣，激发孩子对某个科目的学习兴趣，为孩子的未来打开一扇新的大门。

孩子天生对知识抱有强烈的好奇和需求，学习能力是与生俱来的。芝加哥大学的神经科学家彼得·胡腾洛赫尔通过研究发现，孩子在 3 岁时，神经元的连接数目是成人的两倍，14 岁时，和成人的数目相当。为什么 3 岁时的神经元更多呢？这是因为只有大量丰富的神经元连接，才能帮孩子应对所面临的新环境。这时候的孩子什么都想触摸，什么都想尝一尝，什么都想看一看，就是他们正在用触觉、听觉、视觉来接触大量信息，刺激大脑。

不断接受新的刺激，不断学习，是孩子必备的生存条件。也就是说，不让孩子学习，大脑都不会答应。但如果父母阻挠孩子利用课外书获取学习之外的知识，把孩子的阅读量局限在教科书上，就会降低他学习更多知识的意愿。

学校的教育不可能满足孩子的所有阅读需求，"教科书"是孩子获取知识的主要途径，但孩子也可以通过"课外书"等其他途径获取知识。只有当这二者互为补充时，孩子才算是获得了系统而全面的教育。

父母应该鼓励孩子适度地阅读课外书，孩子因课外书而丰富心灵、找到兴趣、拓宽眼界。但孩子处于成长阶段，不具备分辨能力，缺乏对看课外书的正确认知。这就需要父母在尊重孩子前提下，引导孩子正确地看课外书。

★ **留出专门的阅读时间**

如果孩子写作业花费的时间太长，父母让孩子在规定的时间内完成学习任务。一旦学习时间结束，即使孩子作业没做完，父母也不要让他继续了，孩子到了阅读时间就只能读课外书。工作日，学校的任务不会占用孩子太多的时间，只要孩子的学习速度没有问题，孩子读课外书的时间就一定能够保证。

无论如何，父母一定要保证孩子每天都要读一会儿书，一点点的积累终究会变成孩子巨大的进步。

而在周末和节假日，父母能够陪伴孩子读书的时间就更多了，父母可以留出一段专门的时间，陪孩子读他喜欢的课外书。或者父母也可以陪孩子去书店、图书馆，让他选一些新书作为辛苦学习的奖励。

★ **精读优质读物**

孩子需要的不是走马观花的浏览，或者沉迷于低质量的小说。父母可以给孩子推荐一些名著，或者可读性强的课外书。在网上父母可以找到很多适合各个年龄段孩子的书单推荐，也可以向老师寻求意见。父母可以尽量多地给孩子推荐不同类型、不同题材的课外书，但一切都要以孩子的阅读兴趣为主。

在孩子读课外书时，父母可以引导孩子在书上做记号和批注。一方面，这样可以避免孩子走神而略过某些内容。另一方面，当孩子再次阅读这本书时，就会记起自己之前的观点和体会，谓之"温故而知新"。

写读书笔记也是孩子读课外书时不可缺少的步骤，读书笔记的风格不限，可以总结归纳书中的内容、写作方法，也可以摘抄优美的词句段落。这些都会成为孩子的知识积累和写作素材。

★ **合理把控阅读时间**

孩子在阅读课外书时一定会遇到难以理解的地方，父母可以教会孩子掌握基本的解决途径：工具书、百度百科、专业论坛、书评等都有可能解决孩子的困惑，缩短孩子"死磕"的时间。

同时，父母要规定孩子读课外书的时间，让孩子养成适度阅读的习惯。父母不能让孩子做其他事情的时间用在读课外书上,影响正常的学习和生活。

培根说:"读书足以怡情,足以博彩,足以长才。"帮助孩子平衡学习和看课外书之间的冲突,既避免了影响成绩,也能让孩子在课外阅读中收获更多。

7. 引导孩子开启深度阅读

很多孩子喜欢看书,书看得又快又多。但当爸爸妈妈问他书里讲了写什么的时候,孩子却一问三不知。看书对于很多孩子来说只是日常的消遣,不需要走心。当孩子无法通过阅读获取知识、锻炼思维时,阅读就失去了意义。因此。父母引导孩子开启深度阅读就势在必行了。

沐沐最近一直捧着《哈利·波特》在看,两周就把儿童版的几本书读完了。爸爸看沐沐看得这么快,就想要考考他:"你最喜欢书里哪个人物?"沐沐回答:"我喜欢哈利·波特!"爸爸又问:"你为什么喜欢他?"沐沐想了半天,说:"因为他最厉害,打败了伏地魔。"爸爸接着问:"那你能和我说说他是怎么打败伏地魔的吗?"沐沐听到爸爸的问题,声音逐渐变小:"就用魔杖嗖嗖嗖,然后砰!"

爸爸接着问:"那哈利用魔杖之前做了什么?"沐沐却吞吞吐吐说不出来什么了。接下来无论爸爸怎么引导,沐沐都两眼发直,一脸空白。爸爸不禁疑惑，怎么这孩子花了半个月看书，却连重要的情节都复述不下来？

很多孩子在阅读时，都只是被新奇的描述、精彩的情节吸引。但感受语言文字的魅力，在读书的过程中思考，产生新的感悟，把书中的所得应用到实际，这些事情是孩子想不到也做不到的。

很多父母追求孩子的阅读数量，认为书读得越多越好，而忽视读书的质量。而孩子在读书的过程中遇到难以理解的部分喜欢直接跳过，囫囵吞枣地把一本书读完。

但还有些父母过于在意读书的质量，仅仅关心孩子在书中学到了什么，孩子一读完书就问孩子学到了什么？要表达什么主题思想？这种做法只会让孩子把读书当成做题，自然不可能开启深度阅读。

阅读对孩子的影响是积年累月形成的，父母想要在孩子读完一本书后立刻看到效果这无异于拔苗助长。放慢读书的节奏，让孩子体验读书的乐趣，激发孩子的阅读兴趣才是让他沉浸在深度阅读中最好的方法。

而深度阅读在让孩子体会到阅读乐趣的同时，还可以提高孩子获取的信息量，让孩子准确理解书中内容，也就是提高阅读能力。养成深度阅读习惯的孩子即使是看一本几十万字的书，也能沉下心慢慢读。

当然，很多孩子还不具备阅读大量文本的能力，但这并不妨碍父母培养他深度阅读。对于婴幼儿阶段的孩子来说，深度阅读就等同于体验情感。父母只能引导孩子在读书时多多观察，理解书中词汇的含义并与现实生活相联系。比如，孩子可能不理解"成群结队"这个词的意思，父母就可以让孩子和一群人一起走，让孩子体验成群结队的感觉。

在孩子阅读的过程中，家长要试着引导他进行体验式思考，这可以让他产生同理心，将自己代入到书中，进而更加专注地阅读。但这只是孩子以自己的情绪和立场体验书中的一切，此时的他还不能进行理性思考。但这不是问题，等孩子逐渐接触到更多的观念就会跳出单一的自我视角了。

那么当孩子的读物变成文学性或者理论性较强的书籍时，父母该如何引导孩子开启深度阅读呢？

★ 阅读正文前了解本书

父母在孩子开始阅读之前，要让孩子先看图书的封皮，然后是作者简介和作品简介。这些都会让孩子对这本书产生一个大概的印象，慢慢进入阅读的状态。如果孩子觉得这是一本自己喜欢的书，就会在阅读正文时保持高度集中的注意力。

在孩子读一本书第一遍的时候，父母可以让孩子一口气读完，让他享受读书带来的乐趣。在第一遍之后，父母就可以让孩子写一些随感，父母要让孩子自己思考，根据自己的理解来写随感。

★ 和孩子进行深度讨论

在孩子读完一本书后，父母可以和孩子讨论关于这本书的一切，鼓励孩子表达对这本书的思考。父母也可以在孩子读完书后，鼓励孩子给自己讲一讲书中的内容,引导孩子发现书中内容的联系,让孩子在阅读中学会提取信息和归纳总结。或者提一些问题,让孩子去书中寻找答案。当然,也可以鼓励孩子向父母提问。

引导孩子开启深度阅读,父母自己先要怀有足够的耐心和细心,给孩子足够的时间去思考。有时候,一本书读一遍,不知所云,还需要读第二遍第三遍。阅读是一项长线投资,父母不必急。

8. "逐步放权",培养独立阅读

独立阅读是孩子必须具备的能力之一。在孩子小的时候很多父母会给孩子有趣的绘本,念书给孩子听,这对培养孩子的阅读兴趣有很大的帮助。但如果父母想要培养孩子的阅读能力,就必须让孩子独立阅读。

认字是孩子进行独立阅读的基础。当孩子已经学完拼音,能够自己认字时,父母就可以"逐步放权",开始培养孩子独立阅读。

独立阅读不同于亲子共读,对于识字不多、一直有父母陪伴的孩子来说,独立阅读并理解吸收书中的信息是有一定难度的。因此,在刚开始的时候,大多数孩子都不愿意自己读书。这就需要父母先降低孩子的阅读难度,循序渐进地引导孩子逐步走向独立阅读。

修修读了三页《钢铁是怎样炼成的》后,甩手把书扔到一边,告诉妈妈:"我不要读了!"妈妈看着一脸烦躁的修修说:"为什么不想读了?这不是你要求买的书吗?"修修说:"这也太难了,根本就读不懂,而且太长了,我什么时候能读完啊!"妈妈捡起书看了一会儿,知道这本书对于修修是有点难,但绝对不到读不下去的程度,便对修修说:"每天看五页对你来说应该不难吧?遇到不懂的地方就问我好不好?"修修回答:"那妈妈你帮我读行不行?"妈妈只好继续和修修商量:"你读两页,我读三页可以吗?"修修立马大喊一声:"成交!"

孩子刚开始进行独立阅读,就如同刚学习走路,父母的陪伴和辅助是必要的。一个句子、一个段落、一篇短文,孩子在独立阅读中的每一次进步,父母都要看到并及时鼓励。同样,当孩子遇到不认识、不理解的词句时,父母也要耐心解答。孩子不愿意读下去,父母要了解原因,是看书看累了?还是这本书对孩子没有吸引力?先安抚孩子的情绪,然后根据孩子的情况父母要决定是让孩子继续读,还是暂停休息。"逐步放权",就是孩子渐渐不向父母求助的过程。

培养孩子独立阅读的习惯,只有父母"逐步放权"是不够的,孩子对阅读的兴趣和自驱力也很重要。

恒恒和妈妈去散步,恒恒兴奋地指着萤火虫问妈妈:"妈妈,你知道这是什么吗?"妈妈想起恒恒最近正在读《昆虫记》,便和孩子聊了起来。

妈妈:"这是萤火虫吗?"

恒恒:"对,妈妈,你知道萤火虫吃什么吗?"

妈妈："我不知道，恒恒知道的话能不能告诉妈妈？"

恒恒："好，我告诉你，萤火虫喜欢吃螺类、蜗牛、蚯蚓。"

妈妈："那萤火虫是怎么发光的？"

恒恒："这个我还没看。"

妈妈用遗憾的语气说："可是妈妈很想知道，太好奇了。"

听到这话，恒恒向妈妈保证到："等我去看看书，就告诉你。"

结果，不到一小时，恒恒就已经围着妈妈，滔滔不绝地讲起了萤火虫是靠什么发光的。

父母可以适当地激励孩子，让孩子体会到自己阅读的成就感，进而有动力坚持下去。

父母想要养成孩子独立阅读的能力和习惯，需要"逐步放权"，给孩子一个适应的过程。关于如何"逐步放权"，父母可以参考以下两点。

★ 分部分阅读

父母可以和孩子划分各自阅读的部分，可以按照角色来划分，也可以按照段落、页数来划分。根据孩子的阅读能力和感兴趣程度，父母可以和孩子商量谁读哪些部分。孩子读起来磕磕绊绊时，父母就让孩子少读一点，或者给孩子换一个简单的部分，如果孩子接受良好，父母也可以适当地让孩子多读一些。在孩子不愿意读的时候，父母就自己读一会儿，让孩子休息一下。

★ 父母辅助支持

随着孩子的阅读能力逐渐提高，父母可以偶尔给孩子一些辅助支持,让孩子自己阅读全文。如果孩子还很小,父母可以一直陪在孩子身边。当孩子遇到不认识的字,或者读错了字音时,父母要及时引导孩子,避免孩子因为难度太大而影响阅读的进度,失去阅读的兴趣。

在孩子逐渐能够独立阅读的过程中,父母也要注意给孩子挑选符合孩子阅读需求的书。刚开始,父母可以选择故事类的读物,方便自己和孩子互动。父母也可以根据书籍的难度来选书,挑选适合孩子年龄阶段的书。

每一个孩子都是不同的,有些孩子的阅读能力强,父母可以快一点放手,有些孩子的阅读能力弱,那父母就等一等孩子。父母的支持和陪伴会支撑着孩子走向独立阅读。

第五章 孩子的情绪控制力,比你想的更重要

1. 孩子无理取闹，不轻易妥协

孩子期期艾艾央求父母满足自己的愿望，如果父母不答应，很多孩子就会选择用哭闹的方式强迫父母向自己妥协。为了阻止孩子哭闹，大多数父母都会选择立刻答应孩子的要求。但父母的轻易妥协，反而让孩子下一次变本加厉。

在玩具店里，圆圆看中了一个机器人，求爸爸买给自己。爸爸："我们出门的时候，不是都说好了，不买玩具吗？"圆圆听后，嘴巴一撇，一屁股坐到地上，开始号啕大哭。爸爸怎么劝也没用，眼见周围指指点点的人越来越多，只好付钱买了机器人塞到圆圆怀里，圆圆立马止住了哭声。

面对孩子的无理取闹，父母通常都会选择息事宁人，满足孩子的要求尽快地解决问题。但孩子真的可以理解父母的"良苦用心"吗？

年幼的孩子不懂得那么多道理规矩，对他们来说达成自己的心愿就是最重要的事情。为了让自己的要求得到满足，有孩子甚至不惜伤害自己，拿头撞墙这样的激烈行为并不鲜见。父母担心孩子伤到自己只能选择妥协，但这无疑是在变相地鼓励孩子继续这种无理取闹的行为。

法国著名教育家卢梭在《爱弥尔》中写道:"你知道用什么办法让孩子得到痛苦吗?这个办法就是:百依百顺。"如果父母总是无条件满足孩子的所有要求,那么孩子的要求就会越来越没有底线。

孩子的无理取闹其实是一个"试探"父母反应的行为,很多哭闹都会有一些"表演成分"。通常,在两岁之前,孩子的哭声大概率是代表着他们很痛苦,但三岁之后他们的哭泣就会带有目的性。有时候,孩子可能并不是很想要某件东西,也并没有那么生气,但就是要在和父母比拼中取胜。

因为孩子需要通过这样的行为,来证明自己处于主导地位,来确认父母是爱自己的。孩子的身心发展都不成熟,这样的心理活动是正常的。如果父母能让孩子感受到被爱和被尊重,就能在一定程度上缓解孩子的无理取闹。

更重要的是,父母不能轻易妥协,让孩子明白自己的底线,他的行为才会有界限。具体如何应对孩子的无理取闹,父母可以参考以下几点。

★ **先安抚情绪**

面对这种情况,父母最需要做的就是安慰孩子,先让孩子冷静下来。比如,孩子哭闹着要吃棒棒糖,可以和孩子聊聊:"你想吃棒棒糖啊。""你想吃什么口味的呢?""棒棒糖好甜对不对?""你知道哪个超市有卖的啊?"让孩子把想要吃棒棒糖的欲望说出来,其实也是一种情绪的释放,可以让孩子不再那么激动。

★ **明确拒绝孩子**

如果孩子提出了不合理的要求,父母一定要态度明确地拒绝,不给孩子留下任何希望。父母可以直接告诉孩子不能那么做或者做不到的理由,原因不需要太复杂,比如:"这个太贵了,我的钱不够。""明天不能去动物园,因为有舞蹈课。"这样,孩子就会在以后先考虑到事情的可行性再提要求。

同时,父母也要注意不要对孩子说一些给孩子定性、会伤害孩子的话,例如,"你买这个也太浪费了。""爸爸妈妈这么辛苦,你就想着自己。"

★ **有条件地满足孩子**

如果孩子的要求只是有点过分,但还是可以满足的。父母就可以和孩子"讲条件",比如,孩子想要买一个稍微贵一点的玩具,父母可以告诉孩子"这周按时完成功课,就给你买。""这周每天帮我扫地,就可以买。"父母让孩子通过自己的努力来达成愿望。

父母的条件一定要具体,不免出现"看你的表现""再等等"等显得很敷衍的表达。如果孩子对父母的回应不买账,还要继续闹,父母只要平静而坚定地多重复自己的回答就可以了。

★ **保持平静**

在孩子胡搅蛮缠的时候,父母要给孩子展现出自己平静的状态。父母的愤怒、羞愧、无奈等情绪对孩子来说都是继续行动的信号。父母陪在孩子身边,平静地给孩子分析问题,如果孩子不听,父母也不必继续安慰孩子。孩子得不到父母的回应,闹过一段时间就会自己放弃。

父母用妥协换来孩子的笑容，满足孩子的一切要求，这种物质上的"富养"只会让孩子的精神愈发空虚。孩子的健康成长靠的不是父母的妥协，而是正确的引导。

2. 允许孩子哭，让坏情绪流出去

生活中，父母总是渴望孩子开开心心，快快乐乐，而不想看到孩子哭哭啼啼，悲伤难过。所以，父母听到孩子哭的第一反应，并不是接纳，而是想办法尽快让孩子停止哭泣，甚至斥责孩子"不许哭"。

鹏鹏的冰激凌掉在了地上，崩溃大哭。妈妈忍不住怒道："哭什么哭，自己不拿好，怪谁？看大街上这么多人都看着你，丢不丢人！"

鹏鹏努力收声，却抑制不住地抽泣，看着掉在地上的冰激凌。

妈妈拉着他催促道："等会再给你买一个，你是男子汉，别动不动就哭，知道吗？"

最爱的冰激凌掉了，孩子很难过，不知道如何表达自己的情绪，只有哭泣。原本这是很正常的情绪表达，但却引来了妈妈的一番斥责。

你是不是也有同感？孩子一哭，就烦躁不安，忍不住想要发火？

情绪并无好坏，都是正常的情感反应。而且允许孩子哭泣比让孩子笑更加重要。想想看，我们自己心理郁闷不爽的时候，会怎么样？到 KTV 吼几首歌？大吃一顿？去商场扫货？有时候是不是也羡慕孩子想哭就哭？这都是发泄情绪的方法，我们需要发泄。相对于成年人，孩子发泄的渠道大概只有哭了。那么作为父母，我们为什么要阻止孩子去发泄？为什么听不得孩子哭？

首先，孩子的哭声会给父母带来特殊的刺激。

在孩子不具有语言表达能力的时候，只能通过哭来表达需求，比如，渴了、饿了、难受了。这种表达会对父母产生一种特殊的刺激，会刺激父母的大脑，让其心跳加速、血压升高、感觉难受，从而影响情绪。

其次，父母的同类情绪被引爆。

有心理专家表示，如果孩子哭，会让父母觉得心烦意乱，那往往是因为父母内心积压了太多负能量，却一直没有宣泄的机会。而当孩子的哭泣，触及父母内心的同类情绪，父母作为成年人就会担心自己压抑不住，失控，所以就会大声喝止孩子停止哭泣。

最后，孩子的哭泣会让父母产生无能感、挫败感。

德国教育专家麦克指出，我们不喜欢看到孩子难过哭泣，不仅是哭泣让我们觉得麻烦，而是因为孩子的哭泣让我们怀疑自己的价值。孩子一哭，就觉得"麻烦"来了，"无能"的感觉也随之而来。

尤其是当父母想了很多方法，做了很多努力，都无法制止孩子的哭声，就会被无能为力的挫败感淹没，认为"我已经尽力了""你还要我怎么样？"很快，这种无助感、挫败感又会变成烦躁和愤怒。

人在成长的过程中不可能永远都是开开心心的，总是会有很多孩子处理不了的委屈、难过、沮丧。允许孩子表达负面情绪，是引导孩子学习情绪管理的第一步。

如果孩子表达负面情绪不被认可，只会带来两种结果。一种是将情绪"丢"给他人，一切都归咎给别人，都是别人不好，认识不到自己的错误。一种是被孩子埋在心里，成为攻击自己的武器。

一个男孩在学校被欺负了，回家向父母诉苦，父母却要他检讨自己是不是惹别人了。

他说自己身体不舒服，有点头疼，爸爸永远的回应是："昨天又熬夜了吧？给你说多少遍了，不要熬夜玩手机，就是不听，活该不舒服！"甚至越说还越生气，开始数落男孩的其他毛病。

他忍不住向妈妈说自己心里很烦，妈妈说："我们供你吃供你喝，你有什么烦恼？"

后来，这个男孩不再向父母倾诉，父母又骂他和家人一点都不亲。再后来，这个男孩患了抑郁症。

如果父母不允许孩子表达负面情绪，这些负面情绪就会像泥沙一样，一点点淤积在孩子心里，变成沉重的负担，直到把孩子压垮。

允许孩子哭泣，比逗孩子笑更重要。那么，在孩子哭的时候，父母应该怎么做？

★ 允许孩子哭一会儿

哭泣是孩子在释放负面情绪,所以父母要给他一点时间去宣泄,不要急于回应。比如,当孩子因为找不到队徽而哭,不要立即指责:"你不会再好好找找吗?真是烦死了!"可以等他哭一会儿,再做回应:"队徽找不到了是吗?你昨天换校服取下来没有?"这样可以让孩子冷静下来,开始回忆,自己寻找。

★ 做出积极的情感回应

父母不仅要允许孩子表达负面情绪,还要给予孩子足够的情感回应,让孩子感到被重视和关爱。

妞妞坐椅子时没坐稳,坐在了地上大哭。奶奶说:"来,吃个鸡腿,就好了。"爸爸说:"就摔了一下,不疼的。"

妞妞听着大家你一言我一语,没有一个人能真正理解她的感受,哭得更厉害了。

妈妈过来说:"妞妞的屁股摔疼了对不对?"

妞妞点头,同时哭得更厉害了。

"妞妞的屁股碰到了地板,地板有点硬,屁股就疼了。"妈妈一边说一边摸摸地板。

妞妞被妈妈的动作吸引了,妈妈说:"妞妞你也摸摸这个地板,是不是很硬?"

妞妞点点头,不哭了。

妈妈继续说:"你的小屁股是不是不喜欢和地板碰在一起?"

妞妞点头答:"嗯。"

"那我们下次坐椅子的时候,要坐稳了,好不好?像这样,慢慢坐下来,往后靠一点。"

妞妞学着妈妈的样子,坐在椅子上,开始吃饭。

接纳孩子的负面情绪,同理他的感受,才能让孩子平复情绪,安静下来。

孩子哭闹的时候,正是教他认识情绪和管理情绪的最佳时机。允许孩子哭泣发泄,是培养孩子情商的第一步。

3. 父母情绪平和,才能养出好脾气的孩子

很多父母要求孩子平时不要大呼小叫,自己却对着孩子歇斯底里。对于孩子来说,父母是他们模仿最多的对象。如果父母无法保证自己的情绪平稳,那么又何谈教会孩子控制情绪呢?

到了要去兴趣班的时间,可是洵洵一直推三阻四不想去,最后甚至满地打滚。看到洵洵的无赖行径,妈妈的火瞬间就冒出来了,她一把揪住洵洵,对着他怒吼:"你为什么不去,你以为我每天接送你很轻松吗?"说着也不管洵洵了,边哭边走回卧室。随着妈妈"砰"地把门砸上,客厅里只剩下不知所措的孩子。

过了一会儿妈妈冷静了下来,意识到自己吓到了洵洵,便连忙跑出去找孩子。结果看到:洵洵乖乖巧巧地坐在沙发上,满脸恐惧和不安地望着妈妈。

父母对孩子大发雷霆,事后又满心愧疚和后悔,对着孩子和颜

悦色,嘘寒问暖。面对喜怒无常的父母,孩子摸不着头脑,只能怀着忐忑的情绪被动接受。

即使是父母,身上也没有情绪的开关,能够自如地调节情绪。《由内而外的教养》一书中介绍了一个新名词,叫作"低模式进程"。当各种问题和孩子的哭闹一起搅乱父母的思维和情感时,父母就会进入"低模式进程"的状态。此时的父母冲动易怒,理智和感情都被情绪淹没,他们无法进行基本的思考,也无暇顾及孩子的感受,对于孩子的情绪问题他们只会遵从自己的本能:不只是斥责、打骂孩子,任何可以发泄自己情绪的行为他们都有可能会做。

"依恋关系理论"的先驱,美国加利福尼亚大学的教授斯霍勒博士指出,孩子从出生时起就具备了情绪机制的基础,但婴儿不会管理自己的情绪,只能通过身边的人来引导自己管理情绪。对于很少接触到外界孩子而言,父母就是他们世界的绝大部分,因此哪怕是父母极其细微的情绪,都有可能被孩子观察到进而产生各种反应。父母把自己的消极情绪带给孩子,等到父母调节好心情,孩子却无法消除那些充满畏惧、紧张的体验和记忆。

一直接受父母这种激烈教育的孩子,也许会变得听话,但他们并不是学会了控制情绪,他们只是把对父母的恐惧和焦虑刻到了骨子里。而有些孩子面对父母这种粗暴的教育,有样学样,放任自己的情绪恶化,对父母产生了浓浓的戒备和抵触。如果父母无法以身作则,那么孩子永远不可能学会控制情绪。

教孩子控制情绪,父母首先要有平稳的情绪,但这并不是要求父母隐藏或压抑自己的情绪，而是要避免自己在消极情绪的支配下对孩子采取了不正确的教育行为，对孩子造成影响他一生的伤害。那么，在孩子情绪失控的情况下，父母如何做才能保证自己不被孩子的情绪带着走？

★ 消化并表达自己的情绪

父母在感到自己快失控的时候应该立刻离开孩子，给自己和孩子一个冷静的时间和空间。父母可以和孩子说："我现在很生气，需要离开冷静一段时间，过一会儿再回来找你。"然后父母就可以立刻采取各种手段给自己的情绪降降温。

父母确认自己的情绪平稳下来再和孩子进行沟通。在和孩子沟通的过程中父母在倾听、理解孩子的同时，也要向孩子表达自己的感受，让孩子知道自己的行为也会让父母感到难受，进而反省自己，更加体谅父母。

父母同样需要发泄自己的情绪，在孩子也有表达自己的情绪的权利。因此，父母可以独自发泄情绪，无论是直接发泄出来还是做运动、做家务都可以。父母在直接发泄情绪的时候要也要有分寸，避免出现摔手机、用脚踹墙等会让自己后悔的行为。

★ 迅速冷静下来

父母可以让自己迅速冷静下来，以一个情绪平稳的姿态教会孩子控制。想发火的时候，父母可以想一想自己还有什么其他的事情没有做，转移一下注意力。或者父母也可以在心里默数数字，通常情况下大家数到60之后就不会那么生气了。

腹式呼吸、对着镜子微笑也是缓和情绪的好方法。父母也可以回忆孩子的优点和可爱之处来减轻对孩子的愤怒。

情绪的源头不是发生的事情，而是产生情绪的人本身。如果情绪对于父母而言是一头失控的野兽，那么父母就要成为一名优秀的驯兽师，不让自己和孩子的一生被情绪左右。

4. 帮孩子平静下来的方法

奥里森·马登在《一生的资本》中说：任何时候，一个人都不应该做自己情绪的奴隶，不应该使一切行动都受制于自己的情绪，而应该反过来控制情绪。一般来说，孩子的情绪起伏都是非常大的，但与之相对的却是几近于无的情绪控制能力。很多孩子常常陷入情绪的漩涡，无法平静下来，让父母和自己都身心俱疲。

团团想吃冰激凌，妈妈以冰激凌太凉拒绝了他。团团为此哭闹不休，妈妈被闹得没办法，就给他买了一个。

拿着冰激凌的团团，虽然停止了大喊大叫，却久久不能平静下来，一直小声地抽噎着。妈妈烦躁地说："哭哭哭，不是买了吗？你能不能不要再哭了？"团团听了，抽噎得更厉害了。

虽然我们常说孩子"变脸的速度比翻书还快"，上一刻还是电闪雷鸣，下一刻就阳光万丈了。这种情况通常发生在孩子较小的时候，一般在两岁以内。或者发生在孩子对眼前的打击满不在乎的时候，他根本没往心里去，所以一转脸就笑了。

如果孩子年龄稍大，父母就不能要求，刚刚还沉浸在悲伤的情绪中的孩子，瞬间就脱离出来，破涕为笑。从一种情绪切换到另一种情绪，是需要转换时间的。对于三四岁的孩子，可以采用转移注意力的方式让孩子慢慢平静。当然，这些事要对孩子有一定的吸引力，比如不断开关音响设备，变魔法一样变出一个新玩具等。父母也可以和孩子做一些小游戏，让孩子动脑思考问题，这也有助于孩子冷静下来。孩子再大点，这个方法就不一定管用了。这时候，就要给孩子一点时间，让他自己慢慢调节。

除了悲伤，孩子也容易因为太过于激动而无法静下心做其他事。这时候，父母可以选择认同孩子的开心，而避免打击甚至嘲讽。有人形象地把这称为做孩子的复读机。

比如，孩子想到明天的郊游很兴奋，一直和父母说："明天我要去动物园了，要看老虎、狮子、狐狸……"父母与其对孩子说："知道了，快点洗洗睡吧。"不如说："我知道你明天要去动物园，动物园那么大，一天想要看完所有的动物可不容易，你明天可要加把劲逛完整个动物园。"孩子的兴奋得到认同，就能理智思考父母的话，促使自己冷静下来。

明尼苏达大学的雪莉·盖勒说过："对一些孩子来说，咬咬大拇指，抚摸一阵毛毯，或者坐在妈妈的膝上听一个故事就能平静下来，而另一些则可能需要尖叫一阵，如果尖叫能够阻止他们把东西砸坏，尖叫也行，因为最终的目的是教会孩子学会镇静下来的办法。"每个孩子情绪的表达方式和平静下来的方法都是不同。只要是能够让孩子走出情绪，平静下来，任何方法父母都应该试一试。

★ 教孩子腹式呼吸

父母可以让孩子进行腹式呼吸来缓和情绪，这种深呼吸会影响副交感神经，而副交感神经活跃则会导致自主神经失衡，这时人的身体和精神都会处于一个放松的状态。父母最好可以让孩子在一遇到情绪激动的情况就进行腹式呼吸，把这变成他的习惯。

父母可以让孩子把自己的肚子比作一个球，让她用鼻子吸气来填充腹部，呼气来释放腹部的空气。父母可以让孩子用手掌接触肚子，感受肚子的起伏。孩子刚开始可能无法掌握，需要父母先学会然后分步骤展示给孩子看，反复示范几次孩子就能学会了。

如果是比较小的孩子，父母可以让孩子用吹泡泡来模拟腹式呼吸的动作。

★ 适当降低孩子的体温

在孩子情绪激动的时候，父母可以适当降低孩子的体温。父母可以轻轻向孩子泼水，或者用湿冷的毛巾擦拭孩子，或者用手指蘸一点冷水，涂抹孩子的脸部。

科学研究显示，适当降低孩子的体温可以减缓孩子的心率，放缓孩子的呼吸，进而让孩子平静下来。

★ 抱抱孩子

当孩子在襁褓里的时候，父母抱一抱孩子就会让孩子止住哭泣。即使孩子长大，这个方法也同样有效。比如，当孩子大哭大叫或者心情低落的时候，父母可以蹲下来，轻轻摇一摇孩子的肩膀，拍拍他的背，让孩子放松，渐渐平静下来。

父母在拥抱孩子的时候，可以用一点力让孩子直观感受到父母的关心和在意。但拥抱时的力度也不宜过大，弄疼孩子反而会适得其反。

父母用爱和理解包容孩子的情绪时，也要关注自己的情绪。如果父母本身是一个可以很好消化自己情绪的人，那么孩子就会从父母身上得到更多的平静。

5. 愤怒，是孩子发出的求救信号

网上有一个孩子殴打育儿老师的视频，里面的小男孩情绪失控，歇斯底里地大叫、砸椅子、掀桌子、扔东西、打人，非常"暴力"。他的妈妈则冷漠地站在旁边观望，仿佛置身事外。

生活中，对孩子的愤怒，一些父母会选择妥协来息事宁人。一些父母则刻意严厉到近乎冷漠，就像视频里的那位母亲。有人指责孩子没有教养，"欠管教"，却很少有人看到孩子是在向母亲"呼救"，然而得不到回应，导致他内在的愤怒更盛。

当孩子在愤怒的时候，最信任、最亲密的父母却表现冷漠，不在乎，甚至嫌弃，亲子之间的联结就断了。孩子不能确定爸爸妈妈是否还爱自己，出于害怕的本能，只能变本加厉，愈发愤怒，来试探父母究竟是否在乎自己。

教育学家帕蒂·惠芙乐说：孩子的怒气，通常掩盖着某个可怕的经历。没有孩子的愤怒是毫无理由的。父母看到孩子愤怒的表象，更要看到孩子愤怒的本质。孩子不会无缘无故地发怒，父母要看懂孩子的求救信号。

在节目《育儿大师》中，来了一个让人头痛的爱发脾气的小男孩。他和妈妈出门买菜，回来的时候因为太累太无聊，就发脾气。饭前因为一点小事，他就发脾气砸枕头，躲在角落里大哭。

大家都认为这孩子太难管，脾气太坏。后来大家才知道，这个孩子3岁以前，一直由爷爷奶奶照看。父母的长期缺位，使得他渴望爱和关注，但又不知道如何表达，只要发脾气哭闹。

孩子的愤怒，其实都是在试探父母对自己的爱。如果我们只是排斥孩子的愤怒，就永远看不到这背后的真相，也永远不会知道，孩子的愤怒其实是在呼唤我们的爱。愤怒的背后，必有所求。唯有父母看到孩子愤怒背后的需求信号，才能让孩子平静下来。在《倾听孩子》一书中，作者讲了这样一个案例：

一个单亲妈妈独自抚养两个儿子。她在弟弟生日的时候，送给他的生日礼物和哥哥差不多。弟弟收到礼物时，没有开心，反而无比愤怒，他大喊："你为什么送我这个？你心里根本没有我！只有哥哥……"

然后，他就要去摔礼物。

妈妈没有训斥他，而是敏感地觉察到，弟弟收到和哥哥一样的礼物，感觉自己不被重视，他在质疑妈妈的爱。

于是，妈妈平静地说："我很遗憾你不喜欢它，但我真的是想要送你一件好礼物。"

妈妈见弟弟没有说话，接着说："我爱你，不愿意伤害你。"

妈妈边说边靠近孩子，把手放在他身上，继续说："亲爱的，从你出生那天开始，你对我就是非常宝贵的，以前是，现在也一样。"

听到这里，弟弟开始哭了。妈妈拥抱住他，问他："你还想知道，我有多爱你吗？"

弟弟点点头，于是他们依偎在一起，开始回忆过去幸福的点点滴滴。

就这样，弟弟彻底平静了下来，并高兴地接受了生日礼物。

看见需求，是疗愈的开始。当孩子表现愤怒，我们要把它看成一种求救信号，并问自己："孩子想要的是什么？"然后，我们只需平静地、温和地不断向孩子输送爱和帮助，孩子就会停止愤怒，慢慢回归平静。

孩子情绪失控，父母要了解孩子的需求，给出正确的回应和帮助。

★ 倾听

愤怒的孩子不需要长篇大论的说教，父母只要倾听、理解和接纳就好了。如果孩子是向父母本人表达愤怒，从而说出一些过激的话，比如："我恨你！""你真是烦死了"，等等。这时候父母千万不要当真，孩子被愤怒冲昏了头脑，口不择言是常有的事。

★ 表达认同

父母可以适当地表达自己对孩子愤怒的认同。比如，"他这样做你很生气吧？换作是我也会生气的。"这有利于孩子和父母重新建立起信任。

这时候父母一定要顺着孩子的话说："你好生气，是因为我没有答应你的要求吗？"如果父母跟孩子说："不准说这种话。不要让我听到第二次。"那么，孩子的情绪就会更激烈。

★ **不一定要满足孩子的需求**

父母了解孩子的需求，但如果孩子的需求不合理或者根本无法实现，那么父母就不一定要满足他们的需求。

很多时候，孩子需要的并不是实现所有愿望。他们真正需要的是父母看得到他们的需求，理解他们的感受。

6.别因孩子的情绪性而责罚他

很多父母都会认为孩子闹情绪只是在耍小性子、无理取闹，孩子的哭闹总能轻易挑起和父母的怒火，责罚就成了制止孩子行为的最好方法。经过几次说教和惩罚之后，很多孩子似乎确实得到了教训，不再动辄大哭大叫、撒泼耍赖。似乎问题已经解决了，但孩子在责罚中受到的伤害却可能需要一生去治愈。

马岩和妈妈一起出门散步。看到路边有卖仓鼠的小摊子，便问妈妈："我们能买一只带回家吗？"妈妈说；"不行，你又不能照顾它，买回去不用几天，这仓鼠就被你给养死了。"马岩拉着妈妈的手，固执地说："我就要！我就要！"妈妈看到孩子不听话，便生气地甩开孩子的手。

马岩也生气了,对妈妈说:"你不给我买,我就不回去了!"妈妈听到后气得直接对着他的屁股打了两下。回家后,妈妈把马岩关到他的卧室里,并对孩子说:"你今天不认错就不准出来。"马岩在房间里号啕大哭。

孩子缺乏对自身情绪的认知和表达能力,因此孩子发泄情绪的方式往往是父母难以接受的。父母靠责罚的方式纠正孩子的行为,责罚让孩子停止自己的行为,同时也让孩子牢牢记住被惩罚时的痛苦和屈辱。随着孩子长大,父母的责罚越来越不管用,但孩子的愤怒、不甘等负面情绪却越积越多。

儿童心理学家海姆博士有一个观点:责罚不能让孩子自觉停下错误行为,被责罚后孩子通常会更加谨慎、更加狡猾、更有经验地继续自己的错误行为。孩子遭受惩罚时,他会暗下决心下一次要更小心,而不是要更诚实、更负责。事实上,父母责罚除了短暂地停止孩子的行为,并不能让孩子意识到自己做错了,也不能教会孩子如何做是对的。而责罚也不可能解决孩子情绪背后的需求,甚至如果父母对孩子进行了十分严厉的责罚,还会给孩子造成更严重的心理伤害。

父母想要纠正孩子因为情绪而产生的不良行为时,简单粗暴的责罚不是有效的方法,也不是唯一的方法。心理学家伊丽莎白·格肖夫在《体罚孩子》一文中指出,相比于责罚孩子,强调孩子的优秀行为更容易让孩子给改正自己的错误行为。

责罚无论多么轻,都会给孩子带来不好的感觉进而产生消极的情绪。但如果一个孩子预知到自己会被惩罚时却得到了宽容和体谅，大多数情况下他会产生愧疚和感激的情绪，在这些情绪的影响下孩子会自发反省自己的行为并改正错误。

美国心理学者戴维·麦克米伦持有相同的观点：内疚的孩子会倾向于主动弥补错误。他认为父母在引起孩子的内疚心理后，再表扬孩子会激发他们正向的心理活动和行为。对于大多数孩子来说，父母的理解和宽容可以缓和他们的情绪，而适当的表扬和引导则能有效纠正他们的行为。

父母不因孩子的情绪性而责罚孩子，那么要如何从根源上解决和孩子的问题、纠正孩子的行为呢？

★ **教孩子了解情绪**

当孩子出现情绪问题的时候，父母要帮着孩子分析问题，引导孩子说出自己的需求。父母先安抚住孩子，然后问一问孩子事情的经过，然后告诉孩子，这是因为某种情绪让他做出了这样的行为，父母还可以告诉孩子哪些情况下他也会产生相同的情绪，当有了这些情绪后又该怎么解决。

同时，父母可以在孩子产生情绪时，帮助孩子认识、确定自己正处于哪一种情绪之中：当孩子哭的时候，父母可以告诉孩子"你哭得好伤心，你是在伤心吗？"这能帮助孩子更好地处理情绪。

★ **教孩子接纳情绪**

高兴、愤怒、沮丧、愉悦只是每个人都会产生的情绪，情绪本身是不分好坏对错的。父母要让孩子知道有情绪是可以的，闹情绪也是正常的。

父母只需要告诉孩子：你的情绪你可以自由支配，只要你可以承担相应的结果。父母可以给孩子一些建议帮助他消化情绪，比如做运动，或者捶枕头几下。孩子明白自己闹情绪也没什么大不了的之后，就会更轻松地应对自己的情绪问题。

★ **教孩子表达情绪**

父母每天都要和孩子保持沟通和交流，及时发现孩子的小情绪。父母可以鼓励孩子坦诚地说出自己都遇到了哪些问题，什么事情让他感到难受，然后引导孩子及时处理自己的情绪，避免在孩子的精神世界中埋雷。如果孩子不愿意和父母说，父母可以鼓励孩子写日记，或者对着玩偶说出来。

责罚永远不会让孩子成为一个有爱而平和的人，只会越惩罚越糟糕。

7. 教孩子合理发泄愤怒情绪

父母都不喜欢看到孩子发火，那意味着孩子脾气不好，缺乏教养。所以，看到孩子大吼大叫，父母通常会直接制止，而不是引导孩子合理发泄情绪。

小志用筷子拨拉了一下餐桌上的青菜，说："怎么没有肉？"

妈妈说："昨天你吃了那么多肉，今天该吃素了。"

小志听了，放下筷子说："我要吃肉。"

妈妈不理他。

小志再次大声说:"我要吃肉。"

妈妈仍然不理,小志生气地把碗往前一推,差点掉在地上。

爸爸火了,说:"今天没有肉,你爱吃不吃。"

小志站起来,跑回自己房间,砰的一声把门关上了。

爸爸更火了,进去把小志揪出来,说:"长脾气了?你再摔一次门试试?"

如果每一次孩子发脾气,父母都只是哄一下,或者分散一下注意力,或者干脆置之不理。虽然情绪暂时被转移,或者抑制,但是下一次情绪来的时候,他们仍然不知道如何疏导管理,只能继续用自己习惯的本能方式来发泄,发火、打人、扔东西。

当孩子的愤怒总是不被接受,要么脾气变得越来越暴躁,不懂控制自己的情绪,要么变得乖巧懂事,成为成讨好型人格。

心智不成熟的孩子很难做到正确的情绪表达。李玫瑾教授说过:孩子小的时候发泄情绪会哭,等他长大了发泄情绪就敢跳楼。因此,父母理解包容孩子的情绪的同时也要教会孩子合理地发泄愤怒的情绪,控制自己的愤怒。比如,父母看出了孩子很生气,但孩子只是在哭泣摔东西,这时候父母就可以教孩子"你可以和我们说'我很愤怒',这样爸爸妈妈就知道你的心情不好。"父母不要以为孩子学会用语言表达愤怒是没有必要的,这正是帮孩子找到一个不同于哭闹、摔打物品的发泄渠道。

平时,父母需要仔细观察,分辨出孩子是否需要发泄情绪。孩子需要发泄自己的愤怒情绪时，通常会有一些反常的举动。例如：没有任何原因和前兆地发脾气；把自己闷在房间里，不和父母交流；情绪低落，闷闷不乐等。

对孩子而言，即使是一件很小的事情也会让他感到愤怒，他们的愤怒唯有父母的理解和支持才能够抚慰。因此，想要孩子学会合理发泄愤怒的情绪，离不开父母的引导。

★ 无声地表达愤怒

当父母问清了孩子发怒的理由后，可以让孩子把想要说的话全部写在纸上，孩子在写的过程中会释放自己的怒气。

孩子写下的内容只有他自己知道，父母不要去看。父母要把写上字的纸张交给孩子自己处理。父母可以鼓励孩子把这些纸张毁掉，告诉孩子"毁了这些小纸条这件事就翻篇了，你的坏心情可要快快飞走。"

★ 让孩子说出自己的不快

很多时候孩子愤怒的事情只是芝麻大点的事情，所以他也不好意思说出愤怒的原因。这时候父母可以引导孩子畅所欲言，每个人都可以在不被打扰的情况下说出自己的愤怒，即使愤怒指向了父母本人，也要耐心地听下去。

孩子在发泄愤怒的过程中，看到父母有在认真地倾听自己说话，愤怒的情绪就会得到很大的缓解。

★ 适当地开导孩子

父母在孩子发泄完情绪之后，需要及时地帮孩子梳理整件事情,开导孩子的情绪。在孩子发怒时父母可以问问孩子生气的原因,等孩子的发泄结束,父母也可以适当劝慰孩子,让孩子不要对着一件事情耿耿于怀。父母理性客观的分析,体贴包容的劝解能够让孩子逐渐远离愤怒的影响。

  孩子的世界很简单,正因如此他们的情绪才更加激烈。唯有父母给予他们足够的爱和耐心,他们才能够直面自己的内心,消除自己的愤怒。

第六章 逆商高的孩子未来一定不差

1. 给孩子创造一点遭遇挫折的机会

父母把孩子保护得太好,从不给他失败和受伤害的机会,等他们长大骤然面对失败,能够承受住生活的打击吗?父母不妨稍微克制"帮一把"的冲动,给孩子创造一点遭遇挫折的机会,以增强抗压力和抗挫折力。

尘尘和妈妈一起爬山,山不算太高,但对只有4岁的孩子来说还是非常吃力。尘尘跌跌撞撞、满头大汗。不一会儿,尘尘脚一滑,一屁股坐在了地上。路过的人想要上前扶一把孩子,但妈妈却说:"不用扶,谢谢您,他自己可以起来。"接着妈妈就问尘尘说:"尘尘,你自己能站起来吗?"尘尘点点头,站了起来,继续吭哧吭哧地向上爬。

美国心理学家兰德·纽曼发表过一个观点:"有着幸福童年的人,常常在成年后会面临不幸。"如果孩子在小的时候没有经受过挫折,长大后很有可能会因为不适应激烈竞争和无可避免的挫折而深感痛苦。任何一个孩子都无法逃避挫折,但很多父母都不敢放手,让孩子去经历风雨,害怕孩子经验不足、受到伤害。父母的过度保护,只会让孩子越来越"玻璃心",经不起一点点的挫折与失败。

有调查显示，缺乏"抗挫折能力"的孩子往往会把他们遭遇的失败和挫折归咎于一些看起来"不可能改变的原因"："我没有运动细胞。""这个太难了，我做不好。"以及"普遍的原因"："大家都做不到、没人做得到。"或者"自身的原因"："我什么都不行，做不好这个是理所当然的。""没有人喜欢我，没有人愿意和我这样的人做朋友。"……

而在"抗挫折能力"强的孩子心目中，挫折只是暂时的，他们也能轻松地从负面情绪中挣脱出来，不会过度恐惧挫折和失败，进而冷静理智地从中吸取经验。适当的挫折会让孩子在失败时更加客观地评价自己，让他们有更多的机会完善自己，增强能力，变得自信。

不同的孩子根据自己的性格和思想会对挫折产生不同的看法，这些看法，决定了他们面对挫折是一蹶不振还是愈挫愈勇。父母无法改变孩子天生的性格，但父母完全可以用自己的行动增强孩子面对挫折的抵抗力和韧性。

★ 鼓励孩子尝试

很多孩子因为依赖心理和畏难心理，看到有难度的事情就自己先退缩了，父母可以鼓励孩子去尝试。如果孩子拒绝尝试他们认为困难的事或者刚接触的事情时，父母可以说："你的目标只是试一试，而不是一定要成功。"降低事情的难度，能够让孩子愿意去接受挑战。在尝试的过程中，如果孩子向父母求助，父母要适当提供帮助，帮孩子建立信心。

★ **让孩子体验失败的感觉**

当孩子要做一件超出他能力范畴的事情时，父母不要阻止他。孩子成功了更好，但如果孩子失败了，父母可以表达一下对孩子的同情。给孩子一点时间，让他去消化自己的情绪。不要找借口帮他开脱，也不要为了安抚孩子的情绪而盲目夸奖。等孩子情绪稳定后，再和孩子聊聊失败的感受，比如自己失败的经历。孩子唯有经过挫折，才有机会正确地看待挫折。相比于未知的恐惧，一次尝试、一次挫折不会把孩子打倒，反而会让孩子在遭遇挫折后，变得更加坚强。

2. 挫折教育不是打击教育

挫折教育原本指让孩子遭受挫折，从而激发他们的潜能，让孩子掌握知识的同时，提高抗挫折能力。但很多父母都把挫折教育等同于批评教育，因此不断打击、贬低孩子，以为这样会让孩子变得更好。结果，适得其反。

在一期《少年说》中，一个孩子流着泪对妈妈说："你老是打击我，我觉得自己很差"。妈妈答："我觉得你的性格就缺打击，不打击下你就发飘。"

很多父母都有讽刺、辱骂孩子甚至是打孩子的习惯，认为这样可以激发孩子的自尊心，更上进。事实上，言语上的虐待就是谋杀灵魂。父母不断批评、辱骂、轻视自己的孩子，会给他们造成无法磨灭的创伤和羞耻感。不同于身体上的伤痕可以慢慢痊愈，精神上的伤害只会历久弥新。

心理学家苏珊·福沃德博士在《中毒的父母》中提到："孩子是不会区分事实和笑话的，他们会相信父母说的所有和自己有关的话，并将其变为自己的观念。"父母都不认同孩子，孩子的想法就会越来越消极，他们会打从心底认为自己没有价值。这样的孩子很容易自甘堕落，因为他们习惯了看低自己，即使长大后接触到更广阔的世界，取得了很好的成就，他们也很难认可自己。

口头的打压已经让孩子难以承受，但有些父母却认为这样还是不够的。所以，他们会专门给孩子报一些类似于魔鬼训练营的课程，或者刻意给孩子制造很多困难。但这些"挫折教育"往往虎头蛇尾，父母只负责把孩子的生活调整到困难模式，却不给他们提供任何的辅助和支持。孩子该以什么样的心态面对问题、如何分析问题、如何解决问题等，他们一概不管。

孩子的承受能力和经验都是匮乏的，父母如果站在成年人的立场和高度上给孩子制造麻烦，很有可能会造成孩子的频繁失败。孩子因为达不到父母的预期而对自己失望，父母的期待越高，孩子的挫败感越强。

而且，父母总希望孩子保持谦虚，不断改善自己的缺陷和不足，而不是因为一次成功的经历和表扬就洋洋自得。所以就算孩子成功了，父母也不见得会夸奖，即使是表扬也是"先扬后抑"。在这种环境下，孩子只能源源不断地产生自卑感，而不是变得更能抵抗挫折。

美国著名社会心理学家马斯洛说："挫折对于孩子来讲未必是件坏事，关键在于他对待挫折的态度。"挫折教育是要让孩子知道失败不可怕，而不是让挫折击垮孩子。真正的挫折教育是当孩子受挫时，父母及时在情感上给予他们无条件的支持，教会他们如何面对困难。足够的安全感和健康的心理状态，是让孩子直面挫折的前提。

父母想提高孩子的抗挫折能力，只需要把孩子交给生活，顺其自然就可以了。孩子克服日常生活中的挫折，做好自己的事情已经足够了。

★ 改变自己的说话方式

很多父母会习惯性地否定自己的孩子。例如："这次表现不错，不过……""你得和前面的人比较，数学 99 分是不错，但人家甜甜这次全科才只扣了 1 分，你看看人家。"父母想要孩子正视自己的错误、改正错误，不如说："99 分好棒啊，距离 100 分才差了 1 分。"

始终对孩子保持关爱、友善的态度。无论孩子是犯错误还是表现好，父母都要让孩子感受到自己的爱与尊重。如果忽冷忽热，就会慢慢失去孩子的信任。只有父母给孩子无条件的爱，他才会获得安全感，不轻易被挫折打倒。

★ 做孩子克服挫折的加油站

当孩子遇到困难的时候，父母需要鼓励指导孩子解决困难，当孩子产生消极情绪时，父母要及时开解孩子。当孩子有进步时，父母要及时表扬孩子，肯定他的努力和愈挫愈勇的精神。

但父母也不要过于频繁地夸奖孩子，让孩子对自己的认知出现偏差，接受不了失败。当孩子有缺点和做得不够好，父母同样要告诉他。

当孩子即使身处黑暗，也依然能够看到前方的光芒，并且有能力一直向前方走去时，挫折教育的目的才达到了。

3. 教孩子泰然接受别人的拒绝

被拒绝是每个孩子都会经历的事情，而父母要做的不是护着孩子躲过这些伤害，而是要让孩子学会面对和接受，要让孩子知道别人有拒绝自己的权利。

妈妈带着珊珊一起去参加活动，活动进行到一半，所有的小朋友都有机会上台抽奖。但几十个孩子，只有三个抽到了奖品。没中奖的孩子情绪一下子变得不好：有的孩子脸上不见了笑，也不说话了；有的孩子一边哭一边离开抽奖的位置，不愿意参加接下来的活动了；有的孩子自己跳上领奖台，父母怎么劝也不愿意下来。妈妈看着珊珊哭得小脸通红，心里不禁埋怨主办方不会办事，给孩子抽奖不应该是见者有份吗。

孩子的失落会激发父母的保护欲，让他们不禁责怪那些拒绝孩子的人。其实，人的一生要经历无数次拒绝，让孩子早早地体验拒绝也是一件好事。孩子能够做到泰然接受别人的拒绝，意味着他拥有平和豁达的心态，这种可贵的素质会是孩子一生的财富。

孩子被拒绝当然会很难受。孩子在请求他人时一般会朝着好的方向想，满怀期望。但当孩子被拒绝，事情的结果远远低于他的预期，失望和难过就是必然的。如果这件事情对于孩子来说很重要，孩子会把注意力一直放在这件事上，被拒绝的消极情绪也就会被无限放大。每个人都想自己的努力能够得到回报，当孩子为某件事努力尝试，但得到的结果却是拒绝后，那种努力白费的挫败感和沮丧感就会席卷他。

如果孩子接受不了被拒绝，就容易情绪崩溃，甚至怨恨拒绝自己的人。所以，父母要教会孩子泰然接受别人的拒绝，不要把被拒绝这件事看得太重。在人际交往中，人们的关系和情感的变化充满了未知数，那些不可能、不应该的拒绝总会在意想不到的时候发生。父母无法保护孩子不遭受这些打击，但父母可以教会孩子泰然接受拒绝，不去纠结和偏执。

优秀的人从来都不害怕被拒绝，对于他们来说，拒绝不代表一件事情的结束，而仅仅是开始。父母可以尝试用下面的方法教孩子学会拒绝。

★ **进行拒绝练习**

平时和孩子相处的过程中，父母就要有意识地去拒绝孩子，培养孩子接受拒绝。比如，孩子想要父母的手机打游戏，这时父母就可以告诉孩子，这是爸爸妈妈的东西，爸爸妈妈不想借给你，因为爸爸妈妈自己也要用。当孩子知道其他人有权利处置自己的东西后，在玩别的小朋友的玩具被拒绝时，就能理解，会考虑是接着尝试商量，还是放弃去玩其他的玩具。

★ **教会孩子换位思考**

父母可以让孩子站在对方的角度想问题。比如，孩子想和其他小朋友一起玩，但是被拒绝了。父母就可以让孩子想一想："如果你和阿花他们玩得正开心，突然有一个陌生的小孩要加入你们，你会怎么想？"教孩子换位思考，孩子最能理解孩子的心情，渐渐他们就会明白自己被拒绝不是因为自己不够好，而是人之常情。

如果被拒绝是因为孩子本身的行为有不妥的地方，父母就要让孩子想象一下他人的感受，然后思考怎样改善自己的言行，让对方愿意答应自己的提议。

★ **转移注意力与鼓励**

当孩子真的很难接受自己被拒绝时，父母可以先转移孩子的注意力，让孩子去做别的事情，暂时先忘记这件事情。等孩子情绪好一点的时候，父母再引导孩子慢慢接受自己被拒绝的事情，让他对这件事有一个正确的认知。

被人拒绝是很打击自信心的，因此父母在和孩子日常相处时要多挖掘孩子的优点、夸奖孩子、安慰排解孩子的郁闷情绪，让他在被拒绝后仍然不动摇对自己的信心，不畏惧下一次尝试。

孩子被拒绝这件事对父母来说其实并不重要，重要的是让孩子明白被拒绝不代表他自己整个人都被排斥、否定了。父母想要保护孩子不因拒绝而受伤，教会孩子泰然接受拒绝就够了。

4. 帮孩子正确看待考砸了

考砸之后，一些孩子会掉眼泪，伤心不已；一些孩子会自暴自弃，放弃努力；一些孩子胆战心惊，担心被父母打骂；还有一些孩子内心沮丧，表面上却假装满不在乎……如果孩子不能正确看待自己的考试成绩，势必会影响到之后的学习态度和兴趣。

乔乔垂头丧气地拿出自己没及格的数学卷子，对妈妈说："妈妈，我没考好。"妈妈看着卷子就忍不住对孩子发起了火："你怎么会考成这样……"听着妈妈的训斥，乔乔心里难过极了，想到老师同学也都知道了他没考好，乔乔有了再也不上学的念头。于是，他撕碎了卷子，把自己关在房间里怎么都不肯出来。

考砸了，孩子比父母还接受不了。也常有新闻报道，孩子因为考得不好不敢回家，甚至做出极端的行为。对此，我们不能简单地定性为是孩子太脆弱，毕竟对孩子来说，这是一个不小的挫折。一般来说，孩子不能接受自己考砸了有四个方面的原因：

第一个原因是，孩子一直很优秀，每次都考得很好，忽然一次没考好，自尊心受不了。

第二个原因是，和自己的目标有落差，比如原本预计能考96分，结果考了80分，难免接受不了。

第三个原因是，父母过度关注孩子的考试成绩。比如，有父母特别看重孩子的分数,要求孩子必需考到多少分,如果达不到,非打即骂,还有各种惩罚。受此影响下,孩子也会非常看中自己的分数,担心自己考不好,怕被罚。

第四个原因是,父母牺牲太多,孩子有愧疚心。比如,有妈妈为了孩子放弃了自己的工作事业,全心全意照顾孩子,这让孩子很有压力,感觉考不好就对不起妈妈。

如果是父母的原因,父母就要调整自己的心态,客观评价孩子的成绩。毕竟,一次考试成绩不能代表孩子的全部,一张试卷也无法覆盖孩子的全部能力。有些孩子只擅长某一科目,有些孩子更喜欢课本之外的知识技能,比如艺术、运动、计算机、小语种、社交甚至是经商等,父母要多看一看试卷之外的孩子。孩子心理上放松,才能积极对待学习。如果是孩子自己的原因,父母就要做好引导。让孩子认识到,考试也具有一定的偶然性,只要自己付出了努力,尽力了,就没有遗憾。同时,考得不好,也正说明自己还有需要改正和提高的地方,为下次考好做准备。

最重要的是,要让孩子认识到,学习永远不会因为一次考试就结束。决定一个人未来是否有成就的因素很多,最重要的是持续学习的能力。学习的方法和态度,比学到的知识更为重要。人生绝对不会因一次考试就被打上失败的标签,哪怕是影响深远的高考,也不能。

考试只是学习过程中的一部分,它就是为了检验孩子某一阶段的学习效果,让孩子查缺补漏。面对成绩,要鼓励孩子多总结经验教训，而不是沉溺于已成事实的结果。

　　孩子没考好可能会埋怨自己不够努力，怀疑自己不够聪明，甚至感叹自己的运气不好。这时候父母要做的就是清理掉孩子这些消极情绪，帮助他渡过难关。

★ 不打扰不指责

　　如果孩子对自己的成绩不满意，父母可以给孩子一些调整消化情绪的时间，暂时不要打扰孩子。尤其是不要火上加油，说一些打击孩子的话，例如"考这么一点，你整天上课都在干什么？上个月光给你报补习班就花了2000元呢，你说，你对得起我吗？"本来孩子考不好就会很失望、难过和愧疚，指责反而会抵消孩子内心的愧疚感。会让孩子认为自己没考好，已经付出了被父母指责的代价，"你已经批评我了，还要怎么样？"对考试本身反而不再重视了。

★ 肯定孩子的努力

　　肯定孩子的努力，会让孩子感觉被理解和尊重。但要把握一个度，不要让孩子觉得自己已经竭尽全力，那会让孩子认为不管自己多努力也考不好，进而对以后的考试失去信心。比如，如果孩子喜欢临阵磨枪，可以对孩子说："我看你在考试前两周，每天都复习到很晚，很辛苦。但有些知识还需要在平时多加练习，才能掌握得更牢固。"

★ 把错误变成进步的机会

　　卷子上错误多，父母可以告诉孩子，有问题是好事，每一个错误背后都是进步的空间。现在犯的错误，都是为了在未来更大更重要的考试时避免犯错。

然后，再引导孩子总结自己在学习方面存在的问题，如知识点没弄懂，公式不会用，审题不仔细等。父母也可以帮助孩子统计哪个科目丢分多，哪个类型的题目丢分多。或把孩子每次的考试成绩做一个汇总表，帮助孩子有针对性地完善自己的知识体系，改正错误，避免重复犯错。

★ 鼓励多一点

打击不仅没有一点意义，反而会让孩子对学习更加排斥、逆反。就算孩子考得很差，也要给一些鼓励。比如，有一位爸爸对只考了 58 分的儿子说："没关系，儿子，你距离及格只差两分，我相信你稍微努力一下下，就能考及格了。"

★ 制定有效的学习目标

这次没考好，还有下一次。可以根据孩子的实际情况，和孩子商量制定下一阶段的学习目标，不要太低，也不要太高。有效的短期目标能够让孩子拥有更好的学习体验，摆脱没考好的阴影。

父母教会孩子正确看待没考好这件事，考不好也不轻易否定自己，更不轻易放弃自己。

5. 戒掉玻璃心，让孩子受得住批评

新闻称，一位初一女孩跳楼坠亡。据知情人透漏，女孩是因为在学校被老师批评，回家又被父母批评，不堪忍受选择了轻生。

一高三学生因被老师批评、停课，不允许返校，喝下百草枯，

最终因肺部纤维化导致多器官衰竭而不治身亡。

看到这样的新闻，真的很难过。有人感叹，越来越多的孩子太玻璃心，打不得骂不得，甚至说不得。

我们不能一味将此归结为孩子太脆弱，太玻璃心。十几岁的心灵本来就很脆弱，成年人眼中的无所谓，在孩子眼里也许就是万丈深渊。而且，每个孩子对于痛苦的感知能力又有差别。与其站在成年人的角度，去要求和指责孩子，不如反省一下，到底是什么原因让孩子一点批评也受不得？

很多孩子是因为从小很少听到批评的声音，导致他们不具备应对批评的正常心态和能力。也有些孩子处于以自我为中心的成长阶段，他们不理解其他人为什么要批评他，更打从心底里不愿意接受别人的批评，这个阶段的孩子对批评的反应也更加激烈。还有些孩子内心缺乏自信和安全感，更在意外界对自己的评价，害怕被否定。

除了这些原因，还有一个最重要的原因，那就是孩子只感到了批评的羞耻，却没有感受到爱。孩子在批评中，认为父母不再爱自己，他们对自己只有失望，以至于孩子对自己也只剩下绝望。

所以，即便是要批评孩子，也要让孩子明白，批评他，并非不爱他，而仅仅是因为他做错了事。爸爸每次批评落落之前，都会先告诉他："你要清楚，接下来爸爸批评你，是因为你做错了事，应该受到惩罚。不是因为我讨厌你，爸爸是对事不对人。"后来，爸爸在狠狠批评了落落之后，问他："恨不恨爸爸？"他说："不恨，因为我知道你爱我。"每个人都会犯错，犯错就要接受批评、承担责任。但孩子的心灵非常脆弱，只有让孩子感受到父母的爱不会变，父母批评自己只是希望自己改正错误，孩子才会从心底里接纳批评。

法国心理学家高顿教授证实：大多数难以接受批评的孩子，长大后也会对批评持逃避、拒绝的态度。另外承受不了批评的孩子很难克服困难，他们的抗挫折能力通常也很差。这样的孩子很难处理妥当与亲友、同事、上级之间的关系。

一个22岁的姑娘，因为被领导批评，结果自杀了。网友惋惜道：谁没有挨过几句批评？谁没在工作中受过委屈？怎么能想不开自杀呢？

有人说，厉害的人都戒掉了玻璃心。的确，一个玻璃心的人在职场上是不受欢迎的。他们常常听不进别人的意见，看不得一点脸色，动不动就觉得别人是有意针对自己。遇到一点事，还没沟通，就先红了眼眶，或者直接甩袖子走人，不伺候了。和玻璃心的人相处太累，令人生厌。帮孩子戒掉玻璃心，不因批评影响自己的心情，甚至做出极端的行为和选择，父母具体可以参考以下方法。

★ **适当批评孩子**

高顿教授认为：在幼儿时期就能适应批评的孩子，长大后大多也更容易适应社会，他们能正确对待来自他人的批评乃至非议，心态平和的同时有较强的抗挫折能力。

孩子做得好，该夸时夸，孩子做错了，该批评时批评，这才是完整的教育。当然，批评孩子要选对时机，避免在早晨、吃饭时、睡觉前批评。同时，批评要有针对性，就事论事，避免因为这次过失,扯出之前的陈年旧账一起算。父母也要尽量心平气和,从孩子的立场分析问题,不要表现得太有攻击性,让孩子不安。

★ **给孩子反驳的机会**

父母在批评孩子的时候要时刻观察孩子的情绪,如果孩子表现出不服气的倾向,父母要耐心听孩子的解释。在这个过程中,父母可以帮助孩子回忆他犯错的经过,让他自己发现自己的顽劣行为。

当然,如果这个过程中父母发现不是孩子的错,也要给孩子道歉,并教会孩子说:"这不是我的错。"让孩子既不轻视批评,也不畏惧批评。

只有父母不吝啬于对孩子的爱和耐心,孩子才会有足够的底气觉得挨批评也没什么,不对自己感到灰心。

6. 输得起的孩子才能赢得起

相信父母一定很熟悉以下几个场景:孩子考试没拿第一,第二天就拒绝去上学;玩游戏时父母赢了孩子,孩子立刻找理由反悔,要求再来一次;父母在这边欢天喜地分享孩子参与比赛,孩子却在那边因为没得奖而闷闷不乐,甚至嫉恨比自己优秀的人。

孩子为什么输不起?心理学家威廉·杰姆斯曾说过:人性最深层的需要就是渴望别人的欣赏和赞美。在刚出生的时候,孩子并不懂什么输赢胜负,但他们会需要他人的肯定和赞美。孩子在3岁时会出现好胜的倾向,无论什么事情都希望自己是"胜出"的那个人,希望得到他人的肯定和赞美,这会让孩子很有成就感,并且享受这种感觉。一旦输了,无法得到更多的认可,被忽略、被冷漠对待的感觉,会让孩子感到沮丧、愤怒甚至闹脾气。

另外,很多父母都会有意无意给孩子灌输"第一是最好的"的观念,甚至会用"别人家的孩子"来刺激自家的孩子。当孩子只有在取得成绩时才能得到父母的夸奖时,孩子就会自发地去争取更好的名次,以得到爸爸妈妈更多的夸赞和爱。父母有条件、泛滥的夸奖只会让孩子沉浸其中,越来执着于"赢"。因为唯有"赢",才能够向父母证明自己的优秀,获得父母更多的称赞。

孩子有好胜心,如果父母引导得当,会变成孩子进步的动力。如果引导不当,就会逐渐转变成对"赢"的偏执会因为"输不起"而出现反抗、耍赖等行为。如果行为得逞,之后很可能故技重施;如果不能得逞,则产生更多复杂情绪,会逃避、愤恨等。同时,很多孩子也有可能被"输"这一结果刺激到,畏惧任何让自己失败的可能,不敢再尝试有难度的挑战,并且下意识为自己开脱,不愿意承担责任。

要让孩子明白比起"输"这个结果,从失败中总结经验教训,发现自己和他人差距才是最重要的。那么,父母该如何做,才能让孩子坦然接受自己的失败?

★ 给孩子灌输"胜败乃兵家常事"的观念

父母可以给孩子灌输"胜败乃兵家常事"的观念,比如,给孩子讲一些成功人士的失败经历,让孩子意识到没有人能够只成功不失败。父母也可以和孩子交流对于成功和失败的感悟,让孩子明白失败不一定是因为自身的无能,更不会影响父母对他的看法和爱。

父母还可以引导孩子挖掘"输"的价值和乐趣,比如,参加比赛,让孩子明白为比赛所做的准备和练习都会让他取得进步,变得比从前更好,这比取得的名次更有意义。孩子和其他小伙伴玩游戏,父母也可以提前告诉孩子游戏中输赢不重要,玩游戏只是要你和其他孩子互动,获得快乐和体验。

★ 不故意让着孩子

因为孩子"输不起",或者为了哄孩子高兴,很多父母会故意让着孩子,结果孩子赢习惯了,越是输不起。比如,一些孩子和父母下棋总是赢,就无法忍受和别的小朋友下棋输的事实。

所以,和孩子玩游戏,或者下棋等,都不要刻意让着孩子。赢了就借机表扬一下,输了就总结经验,再来一次。父母尤其做好榜样,赢了不大呼小叫,输了也不悲观丧气。父母坦然,孩子也会模仿。作家鲍德温说:"孩子永远不会乖乖听大人的话,但他们一定会模仿大人。"

在和孩子的互动中,要尽可能地培养孩子的规则意识,不能因为他想赢就破坏规则。当然,在孩子因为"输"而沮丧、不甘的时候,父母要及时安慰孩子消极、肯定孩子的进步,鼓励孩子继续努力,不要打击到孩子尝试和努力的勇气。

失败才是人生的常态,而越在意输赢的孩子越容易输。父母不如让孩子坦荡地认输,然后全身心地投入到下一次之中,也许结果反而会更好。

第七章 孩子从小守规则，长大才能适应社会

1. 毁了孩子一生的，是从小不懂规则

规则不仅是对人的约束，还是保障孩子安全立足于社会的基础。从家规班规到国家法律，孩子的生活无时无刻不被规矩包围。如果孩子从小不懂规则，那这必将毁了他的一生。

一位开玛莎拉蒂的女子，在酒后驾车后刮擦多辆路边停着的车，见周围的人表示要报警，她选择开车跑路。当她行驶到一个交叉口时，直接追尾撞击了一辆在等红灯的宝马，宝马被撞出十几米后开始燃烧。除了驾驶座的男性全身严重烧伤，侥幸脱险，车内的其他两名男子当场死亡。女子的一场醉酒事故造成了2死4伤，而年仅23岁的她也面临牢狱之灾。

漠视规则的人，也终将被规则漠视。父母现在不舍得管教孩子，等孩子长大后习惯了漠视规则，可能会面临严重的惩罚。不说违反国家法律行为所面临的后果，只说很多在公共场所的熊孩子，被人在网上曝光后，也会面临整个社会的谴责。规则是为了维护整个群体而制定的，如果一个孩子连规则都不懂，那么他必将很难在群体中立足。

每个孩子都需要学会守规矩，只有这样他才能健康、顺利地长

大，将来才能适应充满规则的社会。但很多父母却偏偏忽视了这个简单的道理，无所不用其极地为孩子"保驾护航"，不让孩子受到一点规矩的约束和惩罚，父母这样把孩子捧得越高，将来孩子也会摔得越重。

小时候孩子不懂规则，第一次做出伤害他人、不讲礼貌、偷东西这些行为都是可以理解的。但如果父母不尽早纠正、给孩子树立规则意识，渐渐孩子就会肆无忌惮地违反规则。不懂规则的孩子往往更容易走上违法犯罪的道路，他们不忌惮使用暴力，不屑于伤害他人，不管有没有违法，不在意吸毒赌博所要承受的后果。他们放任自己的堕落，只看得到自己和眼前的享乐，却看不到界限之外的深渊。

当然，这不是说熊孩子将来都会变成罪犯，大部分孩子还是可以长成普普通通的大人，但从小就没有人告诉孩子对错，长大后孩子也不会在意行为的界限。他们凡事以自我为中心，从不考虑别人的感受，容易被其他人讨厌和排斥。

孩子年龄尚小，理解和认知能力不足，不能很好地理解并自觉遵守规矩的。因此，孩子的规则意识是需要培养的，这种培养可以是社会的培养，但更多的则是父母的教育和引导。父母培养孩子的规则意识需要注意以下两点。

★ 从小就对孩子提出明确的要求

给孩子立规矩应该越早越好，所以在孩子小的时候，父母就要培养孩子的规则意识。父母从小就要对孩子明确提出自己的要求，让孩子知道自己行为的边界。即使刚开始孩子会不适应，父母也要坚持原则，慢慢地把规则意识灌输到孩子的大脑里，直到成为习惯。

★ **引导孩子学习规则、遵守规则**

父母把必须遵守的社会规则，特别是把安全规则告诉孩子，最好写在纸上，让孩子反复记下来。很多规则孩子不理解，父母可以给孩子演示一遍，比如如何安全用电、在公共场合的适合音量等。在遵守规则的过程中，需要父母特别注意的是，不能带头违反规则，如果自己带着孩子插队、闯红灯，那么孩子也会有样学样。

父母在制定规则时不要只针对孩子，最好把自己也纳入规则之中。即使是父母和孩子共同制定的家庭规则，父母也不能擅自打破，损害孩子心目中规则的威严。

规则不会束缚孩子，它只会让孩子更好地在社会上生存。

2. 给孩子立规矩，要在6岁之前

很多父母存在这样的思维误区：认为给孩子立规矩太早是一种束缚，会约束孩子自由发展。或者觉得孩子太小立规矩没有用，因为他们听不懂，也不会遵守，等长大自然就懂了，所以就放任孩子撒泼胡闹。结果，孩子大了，想管也管不住。

小杰的脾气越来越大，在家里看谁不顺眼，就冲谁大吼。父母都以为他是要中考了压力大，就不和他一般见识，总是哄着来，要什么给买什么。好不容易中考结束了，他提出和同学去四川旅游。因为太远，爸爸妈妈不放心，建议他和同学选择本市的景点，他不乐意，就在家使性子，做好的饭不吃，换下的衣服乱丢。妈妈好言相劝不听，爸爸气急了，揍了他两下，他扬言要离家出走，吓得妈妈一天24小时在家守着。

中国人民公安大学的李玫瑾教授说："孩子3岁时，你不满足他的要求，他最多就是满地打滚；可是当他15岁时，他可能会自残、自杀，和你争吵；当他20多岁时，可能会怨恨你，甚至攻击你！"所以，给孩子立规矩要趁早，最好是在6岁以前。

为什么是6岁？李玫瑾教授说0~3岁的孩子处于情感抚养时期，3~6岁处于性格、行为习惯培养的时期。这两个阶段如果管教好，后面就很省心。其中，3~6岁也被称作是"潮湿的水泥期"，也就是很容易塑形的时期。而孩子6岁之后，"水泥"就逐渐凝固定成型，这意味着孩子的性格、行为习惯以及价值观等基本定型，很难再改了。那么，该如何给孩子立规矩？

★ 符合孩子的年龄特点

我们不能对一个8个月大的婴儿和6岁的孩子提同样的要求。不同年龄阶段的孩子，能够遵守的规矩是不同的。

0~2岁，确定安全边界。2岁之前的孩子，安全是最重要的。自从孩子会爬之后，他探索世界的好奇心越发旺盛，什么都要摸一摸，什么都要尝一尝。父母的担忧很多，怕乱吃东西，怕触电，怕被开水烫，怕摔倒……如果能提前树立安全性的规矩，关键时刻也许能救孩子一命。

当然,这一阶段的孩子还比较小,立规矩不能只靠说,更依赖于行为。比如,父母以身作则,孩子就会有样学样。此外,父母更要给孩子创立安全的环境,比如不要把容易吞咽的小东西放在孩子能够得着的地方,比如给开关加上防护锁等。

2~3岁,明确生活中的规矩。孩子从2岁开始,真正意义上的立规矩就开始了。2岁孩子做事总是遵循天性的"快乐原则",注定要接受规矩的挑战。2岁多的孩子开始想要自己吃饭,自己穿衣。此时,父母适宜给他们制定餐桌规矩、做家务的规矩、玩耍的规矩等。

3~6岁,为价值观立规矩。这一阶段,是孩子获得道德能力的最佳时期。父母要抓住这个关键期,制定规矩来约束孩子的行为,让孩子认识到自己的哪些言行是令人愉悦的,哪些是让人嫌恶的,这对孩子品德的塑造和人际关系有很大影响。

父母应主要围绕价值观,给孩子立规矩。比如,承担自己犯错的责任、对他人表示尊重、不说脏话、不乱翻别人的东西、不在公共场合喧哗、不乱丢垃圾、吐痰等。大方向把握好,孩子以后的路才能走得更舒畅。

★ **符合孩子的认知发展特点**

如果我们对2岁的孩子说:"你得为自己的行为负责",他根本就听不懂。3岁的孩子早上吃饭慢吞吞,如果我们对孩子说:"妈妈要被开除了。"他大概也不能理解其中的逻辑关系。所以,立规矩一定要考虑孩子的认知发展特点，保证孩子能听懂。比如，孩子吃饭慢，不妨拿个钟表放在餐桌上，告诉孩子，"长针走两个格，我就要收拾碗筷了。"孩子懂了，才能立即调整自己的吃饭速度，以保证在 10 分钟内吃完。

★ 符合孩子的个性特点

不同的孩子，立规矩的标准自然也不同。比如，如果孩子活泼好动，常惹事，父母立规矩可以严厉点，同时保证立场坚定。而如果孩子性格内向，甚至有点懦弱，那么立的规矩就不能太强硬，柔和、循循善诱的方式会更适宜。

父母越早给孩子立规矩，孩子就能越早自由地生活。

3. 马路不是游戏场，必须遵守交通规则

"红灯停，绿灯行。"很多父母小时候都是被这句话包围着长大的。但现在的道路情况越来越复杂，一两句简短的儿歌已经很难指导孩子安全地通过马路。而与之相反的却是，孩子的马路安全意识越来越单薄，马路几乎要成了孩子的另一个游戏场。

贵州省教育厅曾发布过一条视频，视频中一个 3 岁的小女孩在川流不息的马路上来回穿梭跑了十趟，前九趟，她幸运地躲过了各种各样的车辆，直到第十趟，一辆白色越野车撞上了她。这个幸运的小女孩并没有生命危险，但并不是每一个孩子都能这么幸运。

孩子的生命很脆弱，马路上，容不得父母的一点马虎大意和忽

视。根据孩子的成长和发育情况来看，孩子一般在 8～10 岁才能独自穿行马路。在此之前，请父母一定要牢牢抓住孩子的手，不要让孩子一个人过马路。同时，要教会孩子看懂红绿灯、指示牌和交警的动作。孩子年龄小不懂违反交通规则的后果，父母一定不能放松对孩子的交通安全教育，而且越早越好。比如，孩子两三岁的时候，就可以通过实地、图书、视频等形式告诉他以下注意事项：

1. 即使绿灯亮了，也要先左右看一看，确认周围安全再过马路。

2. 不可以翻越安全护栏和隔离带，不扒车、追车、拦车，不在道路上玩耍。

3. 步行一定要走人行道，没有人行道孩子可以靠路边走，走路时不要玩手机。

4. 过人行横道时，如果有天桥和地下通道，孩子应该自觉走天桥和地下通道。

5. 不要为了追赶朋友、熟人就着急过马路。

6. 信号灯将要变更时不要抢行，耐心等待下一次信号灯的变更。

7. 搭乘机动车时不将身体的任何部分探出车外。

8. 遇到大车要保持一定的距离，不跟骑，不超车。

9. 骑车时不能戴耳机，不能和同伴打闹追逐，不能单手骑车，十字路口减速慢行。

不要觉得孩子不懂，就不告诉他。就算孩子尚不理解，但也会在父母的反复强调下，知道该怎么做，以及不能怎么做。对于常用的道路交通标志，也要教孩子认识。并且要不断在生活中强化，加深孩子的认知，比如在路上看到某个交通标志，就考考孩子。下面是一些常用的道路交通标志：

没有哪一条马路可以随意穿过，也没有哪一条交通规则是随意设置的。为了保障孩子的安全，父母要时时注意孩子的行为，向孩子灌输交通安全知识。

★ 教孩子遵守交通规则

父母不仅要牵着孩子的手过马路，还要告诉孩子怎么看红绿灯，什么是斑马线……如果没有父母的告知，年幼的孩子很难通过自己的观察来发现一条条交通规则，记住自己究竟该怎么做。

当父母在领着孩子等红绿灯时，很可能会看到一大群人一起闯红灯，这时父母一定不能"随大流"，父母可以趁此机会告诉孩子：即使周围的人违反了交通规则，你也不可以和他们一起。即使你再着急，也不能节省遵守交通规则的时间。

★ **孩子坐在车上也要遵守安全规则**

孩子坐在车上也要遵守交通规则。比如，未满12岁的孩子只能坐在后排的安全座椅上。孩子长到1.45米以上就可以使用安全带，但父母最好还是让孩子坐在后排，并且拆除安全气囊。安全气囊是按照成人的标准制定的，矮小的孩子被气囊弹到很可能伤到颈部和面部。

父母也要告诉孩子不要在车上吃一些容易卡到喉咙的东西，比如，水果块、糖果、果冻等。

交通规则是保护孩子生命安全的屏障，也是孩子坚守社会公德的警戒线。孩子遵守交通规则，才能开开心心出门，平平安安地回到父母的怀抱。

4. 参观、旅游要遵守的规则

2020年上海玻璃博物馆发布了一条微博，引起了网友的热议：以上海迪士尼城堡为原型制作的梦幻城堡被毁坏了。这座玻璃城堡由至少3万个部件嵌套拼接而成的，是目前世界上最大的一座纯手工打造的玻璃梦幻城堡。

事情的起因是两个孩子在参观过程中翻越展区围栏,并在追逐玩闹的过程中撞到展柜,城堡塔尖被撞掉,支离破碎。而就在梦幻城堡不远处是一件名为《折》的作品,这件作品原名为《天使在等待》,在2013年被另外两个孩子直接扯断,至今无法修复,只能更改名字继续展出。

当父母带孩子外出旅游逐渐成为常态,文明却没成随身"装备",问题自然就产生了。要么是公共场合大声喧哗,要么乱扔垃圾、破坏古物,比如我们经常可以在新闻中看到的,熊孩子在古碑、浮雕、城墙等上面刻下"某某到此一游"的字眼。

而有的父母对孩子的不文明行为不仅不制止,反而视而不见,甚至他们本身就是孩子不文明行为的推手。在某旅游园区内,一个男孩公然在草坪上小便。当问及孩子的父母"让孩子在公共场所随地小便,是否有失妥当"时,父母的回答是:"孩子小,憋不住,没人会和小孩子计较。"全然无视了离他们不到100米的公共洗手间。

广东省博物馆曾经收到一条投诉,抱怨工作人员管得多,不允许孩子吃东西、跑跳、触摸展品,这是阻碍了孩子解放天性。馆方做出回应:"公众在博物馆遵循相关的礼仪规范也是对他人的尊重,博物馆礼仪应从娃娃抓起。"可见,对于"熊孩子"的行为,其父母难辞其咎。

孩子的问题归根结底是父母的问题,父母是孩子的一面"镜子",孩子的行为就是父母日常言行的写照。父母要注意对孩子的言传身教，从小培育孩子的文明意识。景区不同规则就会不同，国家不同风俗自然也不同，父母应该和孩子一起学习、一起遵守。

孩子没有是非观念，无人提醒是不可能意识到自己的行为是错误的。因此，这就需要父母帮助孩子了解旅游和参观时的规则，让孩子约束自己的言行。孩子出现不文明行为，父母要及时指出，让孩子意识到这种行为是错误的，耐心地纠正孩子。

出行前，父母最好提前给孩子打预防针，让孩子学会遵守参观、旅游的规则。

★ 指导孩子做参观攻略

父母可以引导孩子做一份参观攻略。引导孩子在搜集材料的过程中了解参观的规则、场馆的规定，展览品的故事和价值，让孩子对接下来的行程保持谦卑心态。当孩子做攻略准备物资时，父母可以提醒孩子注意场馆或景点中是否允许携带饮料、拍照、等等。

如果孩子很小不具备做攻略的能力，父母可以让孩子看着自己做攻略，和他解释清楚需要遵守哪些规则。在这个过程中父母要告诉孩子要去的地方有什么，可以做什么，不可以做什么。父母不要用命令的语气和孩子交流，但可以结合社会中的一些热点事件和恶劣后果来和孩子分析、讨论，这样孩子更容易接受父母的要求。

★ 让孩子在游戏中了解规则

父母可以事先和孩子做游戏，游戏规则就是参观、旅游的规则。比如，模拟博物馆，父母和孩子都不可以碰家里的玻璃制品，例如电视、窗户、茶几等，告诉孩子碰到这些就等于碰到博物馆的展柜，谁碰到谁就输了。模拟动物园时父母可以假装自己是猴子，当孩子喂猴子吃东西时，父母就可以拒绝孩子。在做游戏的过程中，父母可以告诉孩子不可以这样做的原因，以及这样做之后的危害，父母可以多重复几次，让规则扎根在孩子心底。

在游戏过程中父母还可以和孩子约定几个口令暗号。比如，"小胖逃跑了"是告诉孩子不许乱跑，立刻回来。"外星人要来了"是告诉孩子保持安静，否则外星人就会把他抓走。父母可以根据和孩子的日常互动，设置一些孩子可以照做的口令暗号，在公共场合控制住孩子的行为。

孩子总有一天离开我们独自出行，一个愿意遵守规则，有教养的人，才会成为一个受欢迎的人。

5. 电梯里的熊孩子，害人又害己

网上流传着这样一个视频：一个男孩独自在电梯里，每当电梯要关门时，他便探出手中的雨伞阻挡电梯关门。电梯多次发出警报声，但小男孩仿佛迷上了这个有趣的游戏，不断做出各种动作阻挡电梯关门。直到最后一次，电梯门夹断了雨伞，随着电梯的运行小男孩几乎要被带飞。然后电梯锁停，小男孩被困在电梯里惊慌失措，试图徒手扒开电梯门。万幸的是小男孩最终得救了，也没有受伤。

在电梯里"蹦迪"的孩子,朝着控制板撒尿的孩子,乱按电梯把2岁的妹妹一个人送到18楼致其摔死的孩子,坐在扶梯的扶手上往下滑的孩子,突然按下紧急按钮让同样乘坐电梯的乘客险些摔倒的孩子……这些孩子对关于电梯的安全常识匮乏得令人害怕。孩子因电梯而受伤、丧命的新闻永远层出不穷,表面原因是孩子的顽劣,但更深层的原因却是父母疏于培养孩子的安全意识和安全常识。

其实,电梯能否安全运行,直接受到使用者操作的影响。在电梯即将关门或者已经关门时,如果使用者用身体阻挡电梯关门或者撞击电梯,就很有可能导致电梯的电脑程序紊乱,电梯可能会突然上行、下行。而在电梯运行过程中,蹦跳、扒门、拍门、反复按按钮等行为都会触发电梯的自动保护装置,让电梯自动锁死,停止运行。

当人们被困电梯时,最安全的做法就是按下紧急按钮,然后等待外界的救援。大多数的电梯内部都有通风设备,孩子即使困在电梯内也不可能窒息身亡。并且电梯本身具有特殊的机械结构,只要受困的人不从内部破坏电梯,做出反复按控制板、扒开电梯门等危险行为,电梯基本上不可能失控坠落。

这些小细节和常识恰恰是保障孩子生命安全的基础,但不幸的是,孩子在"玩电梯"之前,并没有意识到电梯的危险性,也知道如何正确地应对电梯的故障。父母一时疏忽对孩子的安全教育,而需要付出的代价可能就会是孩子的生命。

孩子贪玩是本性，但电梯绝对不是孩子的玩具。现在我们身边的高层建筑不断增多，孩子们接触到电梯的机会也越来越多。但电梯组成复杂且很多都已经老化，而维护电梯需要专门人员，很多电梯是经不起孩子玩的。所以如何正确使用电梯，是每个孩子都需要知道的常识。避免孩子做出一些不当的行为，害人又害己，父母可以参考以下两点。

★ **让孩子知道在电梯里哪些事情不能做**

电梯分为直梯和扶梯，在乘坐直梯时父母需要告诉孩子：

不要反复按键干扰电脑程序。

不要触摸、依靠电梯门，避免被夹到。

不要在电梯内跑跳、用脚踹电梯和控制板，不要用手扒电梯门。

不要用身体阻止电梯门闭合，如果孩子需要等人，就进入电梯按开门按钮。

电梯发生故障时，不要用手扒电梯门。

在乘坐扶梯时，父母要告诉孩子：

不要倚靠扶梯，在扶梯上追逐打闹、蹦跳、攀爬、逆行。

不要坐在扶梯的扶手上或者随意舞动身体，不要把身体伸出扶梯的区域。

不要踩踏黄色安全警示线，不要把脚或手伸到扶梯的任何间隙中。

不要按紧急制动按钮,乘坐电梯结束后不要在出口处逗留。

不要随意转动身体,尽量靠边站和前后的人保持距离。

不要穿装饰过多的衣服,系好鞋带,不要穿太长的裙子。

父母可以让孩子背下这些规则,或者结合现实的实例、结合情景告诉孩子不遵守电梯乘坐规则的危害,让孩子意识到问题的严重性。

★ **及时批评、教育孩子**

有一个男孩在乘坐电梯时把所有楼层都按了一遍,浪费了其他人的时间。孩子的妈妈知道后,要求孩子向所有被耽误时间的人道歉。孩子犯错,父母就要及时批评、教育孩子,让孩子认识到自己的行为给别人添麻烦了。

很多时候,孩子在电梯里的出格行为只是由于无知,他们不知道自己的行为意味着什么。在平时父母可以多和孩子说一说使用电梯的注意事项,也可以向孩子介绍电梯的构造和运作原理,让孩子明白为什么不能"玩"电梯。

意外到来时不会提前告诉任何人,父母及时阻止孩子在电梯上的恶作剧和游戏,就是在保护孩子及他人的安全。

6. 餐桌上的规矩不能少

著名礼仪大师威廉·汉森说:"善于观察的人,只要一顿饭,就能知道你的父母、生活的背景,以及教育的背景怎么样。"很多人都认为一个人的吃相反映他的教养和品行。如果一个孩子在餐桌上没有素养，那么即使他将来会多么的优秀，只要一上餐桌，其他人就会立刻拉低对他的评价。很有可能将来孩子辛辛苦苦的努力，最后就毁在这一顿饭上了。

但有些父母对此却不以为意，觉得孩子还小，在吃饭上不需要注意那么多，只管吃饱吃好就好。在家里别人看不到，但如果出门在外，孩子在餐桌上毫不顾忌他人的感受，想怎么吃就怎么吃。同桌吃饭的人也许能原谅孩子的行为，却会对孩子的父母留下没有教养，不值得深交的印象。

妈妈带陶陶参加朋友的婚宴，还没上菜，陶陶就吵吵说饿了。等开席了，每有一个新菜端上桌子，陶陶便飞快地把菜转向自己，他哐哐当当地摆动着碗盘，吧唧吧唧吃得欢快。妈妈在旁边叮嘱道："慢点，慢点，别噎着。"让一桌人为之侧目。有人调侃说："这孩子胃口好。"妈妈立即自豪地附和："嗯嗯，是啊，他打小胃口就好，瞧我们壮实的，就没生过病。"

吃饭从来就不是单纯地把食物送进嘴里就好了。餐桌上不是只有食物和家庭的温馨，在孩子毫无吃相时，餐桌就会毫不留情地暴露这个孩子的教养。而餐桌上的规矩不仅是对孩子的约束，也是对孩子的保护。不正确的吃饭习惯往往会危害孩子的健康，每年都有食物误入气管、导致孩子咳嗽甚至窒息的新闻。那些备受长辈喜欢的大口吃饭的动作，则会伤害孩子的消化道，造成消化不良、热量摄入过多等危害。父母想要孩子吃相好，吃得健康，餐桌上的规则就不能少。

那么，需要孩子遵守的餐桌礼仪都有哪些呢？

不随意入座，听从长辈或者主人的安排。

细嚼慢咽，嘴里含着东西时不能说话。

端正坐姿，不可以脱鞋、跑跳、在桌子下和椅子上爬来爬去，不可以吃一会儿饭玩一会儿。

等长辈动筷子后，孩子才可以夹菜。夹菜时要用公筷，一次只能夹一道菜，把菜夹起来后就不能再放回盘子里。

不可以用筷子把菜翻来翻去，不可以把喜欢的菜全部夹走。

不要对着热食吹气、不要把吃进嘴的食物直接吐出来。

不要对着餐桌打喷嚏、咳嗽、擤鼻涕。

不敲击碟碗，使用餐具时要轻拿轻放。

吃饭不吧唧嘴、喝汤不吸溜。

餐桌礼仪源于孩子每一顿饭的积累，因此父母可以从小就让孩子遵守餐桌上的规矩。

★ 利用好每一顿饭

父母要多和孩子一起用餐，让孩子把学到的规矩应用到吃饭中。父母可以在吃饭的过程中教孩子餐桌上的规矩，给孩子做示范和指导。考虑到孩子的理解能力，父母要耐心地给孩子解释清楚，多示范几次，确保孩子理解到位。如果发现了孩子有不好的用餐习惯，父母也要及时纠正孩子。孩子的可塑性很强，只要父母保持耐心，坚持给孩子做正确的示范，孩子慢慢就会养成良好的用餐习惯。

父母可以把孩子带到公共餐厅或者家庭聚餐中,让孩子在实践中逐渐熟悉这些规矩。父母也可以把这当作一个小测试,事先不告诉孩子,等孩子吃完了再告诉孩子他有哪些不足,又遵守了哪些规则。

★ 借助工具教孩子餐桌礼仪

父母可以让孩子看一些绘本、动画片或者一些教学视频来学习餐桌上的规矩。父母也可以和孩子玩模仿游戏,模拟孩子在不同的场合吃不同的食物。父母可以利用这些工具告诉孩子不同地域餐桌上的规矩,如何应对不同种类的食物。比如,如何吃米饭、如何吃面条、如何吃牛排、如何吃蛋糕,等等。

餐桌上的规矩不仅仅可以看出一个孩子的细节,还考验着孩子是否懂得尊重食物、体谅他人。

7. 孩子乱翻别人东西,绝不可置之不理

如果提问最不受主人欢迎的孩子有哪些,那么答案中喜欢乱翻别人东西的孩子绝对排在前列。孩子乱翻别人东西不是小事情,父母不能置之不理。

网上有这样一段视频:朵朵在小姨的卧室里翻箱倒柜,还把人家的衣服、护肤品、摆设扔得到处都是。妈妈生气地走到还在忙活的孩子面前,问她:"你在干什么?"朵朵低头不说话。

妈妈蹲下来对朵朵说:"小姨很喜欢你,让你在这里就和在自己家一样随意,所以你就把这里当作自己的房间翻来翻去了?"朵朵点点头,不觉得自己的行为有什么不对。

妈妈叹了一口气接着说:"你想一想,如果小姨来我们家做客,没有经过你的允许就翻你的衣柜、打开你的小书包、玩你的玩具,你愿意吗?"朵朵想了一会儿,不好意思地对着妈妈和小姨说:"我不愿意。""那你知道自己做错了吗?你应该怎么做?"听到妈妈的问话,朵朵走到小姨面前道了歉。

孩子乱翻别人的东西,大多数的主人家顾忌着交情、面子,不会责怪孩子。但无论父母和孩子事后如何道歉,主人心中的不快与隔阂却是无法轻易消解的。大部分父母都知道孩子的行为不妥,也会事先对着孩子三令五申。但一旦去到别人家,父母放开孩子手的那一刻,孩子的行为就不受父母的控制了。相信大多数父母都会很困惑,为什么孩子能这么无所顾忌地翻别人的东西?

孩子不懂得人和人之间是有界限的,没有意识到自己是个"外人",不可以随便介入别人的生活。再加上物权意识一般在孩子2~3岁产生,在这之前孩子根本无法区分自己和他人的东西。同时,0到6岁正是孩子的空间敏感期,在这个阶段,孩子喜欢用自己的身体来探索空间,扩大他对空间的感知。旺盛的好奇心和探索欲,驱使着孩子推开每一扇未知的房门,把手伸到抽屉里,把脑袋放到衣柜里,拿起没见过的物件摸摸碰碰。这是孩子为了提高认知能力,储备知识而做出的本能行为。

对事物认知不足，且明显缺乏自控能力的孩子，既意识不到自己的行为代表了什么，也不能按照父母的要求约束自己。而在人们的传统观念中，界限感代表关系的疏远甚至是为人的计较。所以，即便自己的东西被孩子乱翻甚至损坏了，大人也不好意思说什么，甚至还要反过来安慰被批评的孩子。

如果孩子习惯了乱翻别人东西后，很容易被原谅，最多也只是被不痛不痒地教训几句，渐渐地，孩子就会越来越没有界限感，不断纵容自己的好奇心去刺探他人的隐私，招来他人的厌恶。

孩子的年龄太小，简单提出要求，很难被孩子执行。因此，父母可以通过日常的行为和简单易懂的语言影响孩子。

★ 随时纠正孩子的行为

孩子翻东西总是先从自己家开始，因此父母在孩子翻东西的时候，可以明确告诉孩子："没有得到允许，爸爸妈妈的东西你不许动。"如果孩子还是翻东西，父母可以多和孩子重复几次，并且指着东西告诉孩子："这个是我的，那个是你的，我的东西你不许碰。"逐渐建立孩子的物权意识。当孩子在家里养成了不乱翻他人东西的习惯后，出门做客时也会自觉约束自己。

父母在纠正孩子时语言要明确，态度要温和有耐心。看到孩子乱翻他人的东西时，父母也不要斥责孩子，只要告诉他这是错的，不可以这样做就行了。这样即使孩子不懂得为什么，渐渐也会养成习惯。

★ **提前给孩子准备好玩具**

出门做客前,父母可以带一些孩子喜欢的玩具。这样孩子的注意力就会被玩具吸引,而不会因为不能探索陌生的空间而感到无聊,或者闹情绪了。

同时,父母在做客时要多关注孩子,并且及时回应孩子,避免孩子因为得不到父母的关注,而故意乱翻东西来吸引父母的注意力。

随意侵犯他人的隐私不能让彼此更加亲密,而互相尊重才能维持健康良好的关系。父母不但要尊重孩子的成长需求,也要教会孩子尊重他人。

8. 给孩子良好的教养,不轻易打扰别人

德谟克利特曾说过:"有教养的人的遗产,比那些无知的人的财富更有价值。"好的教养就是一笔隐形的财富,但现实生活中却有很多父母放纵孩子无视公共规则。这个世界上最不缺的就是吵吵闹闹的孩子,孩子仿佛天生就有特权,可以在公众场合肆无忌惮哭泣、欢笑、玩耍。孩子获得了快乐,但同时也丢掉了教养。

一家电影院中正在放映《你好,李焕英》,观众们沉浸在剧情之中,只见一个孩子却爬到了大荧幕下,接着好几个孩子也跑到了荧幕下方玩耍。有一个孩子甚至用手触摸荧幕,导致荧幕上出现了一个大大的波纹,严重干扰了观众的观影。

观众们纷纷要求孩子的父母管一管孩子，但在座的父母统统熟视无睹，看着孩子在屏幕前玩耍了足足10分钟。

遵守公共规则不仅代表着文明，还是每个人的义务。孩子喜欢在公共场所玩闹，发出很大的声音，随意打扰其他人，这可能是由于孩子还没有建立起正确的是非观，也可能是模仿父母的言行，还有可能是为了吸引其他人的关注。但父母视若无睹，漠视他人的感受，纵容孩子的行为，实在是失职。长此以往，孩子就会习惯性地无视他人，不懂得何谓尊重和礼貌。

当孩子在公共场合发出了很大的声音，出现哭喊，或者踢拍公共设施以至于影响他人的情况，父母要及时制止孩子。但为了不刺激到孩子让场面失控，父母切记不要斥责、打骂孩子。

最好在外出前先告诉孩子，在人多的地方要保持安静，不顾别人乱吵乱闹会引起别人的反感。到了外面，如果孩子一时忘记，父母要耐心地提醒与纠正，例如，孩子在超市奔跑吵闹，屡劝无效时，可问她："你是要安静下来，还是要离开？"如果孩子不听劝告，应立刻带孩子远离现场。

公共场合诸如图书馆、餐厅、地铁飞机、商场等都是大家共有的空间，要教孩子说话和做事都要顾及别人的感受。比如：在家里可以哈哈大笑，但在图书馆就不能，那会打扰别人阅读。父母给孩子最大的教养就是教会孩子，关注每一个细节，不给别人添麻烦。

★ 提前关注孩子的需求

出门前,父母可以询问孩子的需求和愿望,根据实际情况决定是否满足,避免孩子在现场提出无理要求,不被满足而哭闹。父母也可以提前给孩子准备玩具、绘本来吸引孩子的注意力,或者让孩子帮自己做一些事情,让孩子没有空闲去吵闹、玩耍。

如果孩子的行为打扰到了其他人,父母要立刻把孩子抱到安静的地方,陪在孩子身边直到他冷静下来。然后告诉孩子他的行为是错误的,已经打扰到别人了,事后的引导教育会让孩子认识到自己的错误,并改正。

★ 适度惩罚孩子的哭闹

如果孩子保持安静,父母可以适度满足孩子的要求。如果哭闹,就拒绝满足孩子。让孩子体验哭闹的后果,对比安静的后果,自觉选择保持安静。

比如,逛超市时,可以把孩子想要东西放到购物车里,如果孩子开始吵闹,告诉他:"太吵了,我不会给吵闹的小孩买零食和玩具的。"然后把购物车里物品放回原处。这时,孩子要么继续闹下去,要么安静下来,承认错误。父母多试几次,孩子就会知道吵闹时没有好结果的,自觉停止这种行为。

同样,如果孩子可以在公共场合保持安静了,父母可以给予孩子一定的奖励,让孩子直接看到保持安静带来的好处。

父母坚决的态度,和温柔耐心的劝导一定可以让孩子获得最大的教养,不必通过打扰别人的方式获得快乐和满足。

第八章 给孩子保护自己的能力和勇气

1. 别让孩子成为讨好型人格

2001年,美国作家布莱柯的新书《讨好的毛病:治疗讨好他人的综合征》一经问世,立马成了图书出版行业的一匹黑马,并一度成为大家讨论的焦点。布莱柯所说的"讨好他人"综合征就是我们现在所说的"好人综合征"。

《讨好是一种病》这本书里写道:"关于讨好有一个很大的误解,很多人会觉得它是一种良性的心理状态,毕竟被当成好人总是不会出错的。但实际情况是,很多讨好者已经不是简单地取悦他人,而是无法控制地讨好他人,下意识地牺牲自己,甚至对来自他人的赞赏和认可上瘾。"

在电影《被嫌弃的松子的一生》中,松子有一个弟弟和妹妹,她的妹妹体弱多病,父亲便将所有的爱给了妹妹。即便松子自小学习很好又很听话,也很少得到父亲的爱。她记忆中唯一一次得到父亲的爱,就是吃到父亲买的薄煎饼。

渴望父爱的松子,在偶然中,给父亲扮了一个鬼脸,没想到,父亲笑了。松子的心里乐开了花,从此,她时不时就会扮鬼脸,取悦父亲。

后来，松子成为一名老师，仍然热心地讨好身边的所有人。一个男生偷了钱，为了保护学生，松子竟然说钱是自己偷的，为此丢了工作。

在爱情里，松子为了取悦对方不惜牺牲自尊。她和一个没有名气的作家恋爱，把赚来的钱都给对方，事事以对方为主，讨好对方的一切，换来的是家暴，她却觉得只要能在一起，挨点打也能忍。可是，对方还是离开了她。她一共经历了五段感情，每一段都全心全意地付出，换来的却是一次次的失望。

讨好型人格的孩子认为自己有义务让他人高兴，一旦他人出现负面情绪就会拉响孩子脑内的警报。他们对他人的情绪敏感，其实是认定了这些情绪和自己息息相关。所以，孩子要时刻关注他人，时刻戒备着他人的责难和可能发生的尴尬。善解人意的行为对于这类孩子来说更像是化解一场危机、弥补自己过错的手段。唯有事事小心不出错，让别人满意，孩子才会对自己满意。这也就不难理解为什么有些孩子，仅仅因为没有完成对方的要求就会陷入自责，连连道歉。

讨好型人格的孩子害怕被嘲笑、被拒接，所以干脆不表达自己的想法；不敢面对冲突，所以就直接道歉，以为退一步就可以解决问题了；认为自己总是最无用的，别人说的都对，所以对别人的话不反驳、不拒绝。孩子就这样一步一步变得内向而悲观。

不敢拒绝、害怕争吵，甚至不敢哭，大众眼中那些乖巧、情商高的孩子，有时恰恰是讨好型人格的典型代表。他们内心往往极度缺乏安全感,小心翼翼地照顾所有人的感受,害怕会引起他人的反感,却忽略了自己的感受。

乖巧懂事进一步,就变成了唯唯诺诺、毫无主见。孩子渐渐失去了底线和原则,习惯了顺从他人,强迫自己去分担别人的责任,却不敢展现自己的实力。一位专门治疗好人综合征的医生指出,几乎所有的"好人"都有这样的想法:"我把缺点藏起来,变成别人希望的样子,这样大家都会喜欢我,大家都会尊重我,大家也同样会对我好。这样,我的生命就有了意义,我的存在也就有了价值。"但是,即便是真的变成了大家喜欢的样子,自己内心实际上也不幸福。实际上,这样的讨好和牺牲不仅没有任何意义,还会让周围的人觉得这个孩子谄媚而无能。

讨好型人格的形成原因有很多,但本质上来说就是因为内心缺乏安全感:缺乏父母陪伴,经常被父母指责、批评,曾经被人孤立……这些经历都有可能是孩子习惯讨好他人的诱因。因此,父母在和孩子相处的过程中一定要给孩子足够的安全感。

★ 引导孩子认同自己

在日常生活中父母不要过多地打压、批评孩子,同时也不要过多地帮助、干涉孩子。给孩子发现能力、锻炼能力、展示能力的机会。这能够帮助孩子逐步建立起对自己的信心,不轻易因为别人的举动或者三言两语而动摇。

父母可以定期让孩子做出自我评价,引导孩子挖掘自己的优点,找到自己的缺点并改正。在这个过程中孩子会不断加深对自我的认识，客观地看到自己的优点和进步，逐渐认同自己。

★ **少说暗示孩子顺从的话**

在和孩子互动时，父母要戒掉一些口头禅。例如，"你听话、懂事一点。""你好麻烦呀！"父母要尽量少说这些暗示孩子顺从，容易让孩子反省、内疚的话。

同时，父母也不要给孩子行为暗示。比如，孩子做选择时，父母总会下意识地给孩子建议，如果孩子按照父母说的做，父母就会微笑鼓励孩子。但如果孩子没有采用父母的建议，父母就会表现出失落的情绪，并且通过语言行为暗示孩子的选择是错的。讨好型人格不是一种人格障碍，而是行为模式。父母要及时发现并纠正孩子，帮助孩子找到这个年龄该有的自在和放肆。

2. 不盲目助人，教孩子善良且有锋芒

没有父母希望孩子将来成为一个冷漠自私的人，但现实生活中总有些人利用孩子的善良，来欺骗、伤害孩子。

有一部根据真实事件改编的韩国电影《素媛》，讲述了这样一个故事，一个下雨的清晨，年仅8岁的小女孩素媛遇见了一个醉汉。醉汉对素媛说："能让叔叔也撑你的伞吗？"善良的素媛答应了这个要求，却不知道这将会是她一生都无法摆脱的噩梦——醉汉对素媛进行了残忍的性侵和殴打。电影里的素媛说："我也想过直接走，但我觉得该给淋雨的大叔撑伞。"

年幼的素媛不知道自己做错了什么，其实她什么都没有做错，错在她不知人心险恶，没有防备之心。

曾经有人做过这样一个实验，工作人员接近年幼的孩子，请他们帮自己一点小忙，比如帮他们拿一些很轻的东西，或者带他们去一个很近的地方。而大多数孩子都会放松警惕，伸出援助之手。

不要想当然地认为孩子的善良会被世界温柔以待，父母在教孩子善良的同时，更要教孩子保护自己。父母担心过早给孩子展示社会的阴暗面，会放大孩子内心的恐惧。但孩子总有一天要离开父母打造的童话世界，那时又该拿什么去面对社会阴暗的角落，去面对居心叵测的人？这也是为什么很多孩子即使已经成年，也会毫无防备地落入他人的陷阱。

一个17岁的女孩在路上遇到了一名孕妇，孕妇称自己肚子疼，请她送自己回家。善良的女孩不带半点犹豫就答应了下来，她把孕妇送回了家。但她怎么也想不到，她会被孕妇用加了安眠药的酸奶迷昏，然后供其丈夫性侵。之后，她被残忍杀害，抛尸荒郊。

"送一个孕妇阿姨，到她家了。"这是她留给世界的最后一句话。仅仅因为一时善念，17岁的生命永远停留在了最黑暗的那一刻。

曾经有一则这样的航空广告：

飞机遇到紧急情况时，带着孩子的父母先快速地给自己戴上氧气罩，然后才帮孩子戴上氧气罩。

这样做是因为在氧气快速流失时，如果父母没有及时帮孩子戴好，自己先因缺氧而陷入昏迷，父母和孩子都会有丧生的危险。

《奇葩说》中有这么一句话，"善良是很珍贵的，但善良若是没有长出牙齿，那就是软弱。"爱默生也说过："你的善良必须有点锋芒。"真正的善良不是天性，而是选择，而且必须是有底线、有原则的。古人说"害人之心不可有，防人之心不可无"，我们在给孩子善良品质的同时，更要教孩子识别坏人的能力。毕竟，坏人俩字也不会写在坏人的额头上，如果没有一定的识别能力，大人都很容易中招，何况孩子？

父母要从根源抓起，让孩子远离坏人，宁可做一个没礼貌的孩子，也不给坏人可乘之机。在平时，父母可以教孩子判断谁是可疑的求助人。

★ 向孩子求助的成年人多半是骗子

告诉孩子如果一个成年人找孩子帮忙，那么他一定是有问题的。曾经在国外发生过这样一件事：一位妈妈突然生病了，她带着几个孩子一起去医院。在去做检查时，她的孩子们就坐在医院的凳子上等妈妈。

这时，几个人靠近了孩子们，想要让他们帮个小忙。

孩子们听着陌生人的请求，想到了妈妈经常和他们说的话，"大人是并不会向孩子求助的，他们只会向比他们强的人求助。想到这些，孩子们拒绝了他们的请求。"

父母可以明确地告诉孩子，如果一个成年人请你帮他做一些很简单的小事，或者要求你进入一个密闭的空间，你通通都要拒绝。

即使对方是老年人、残疾人、病人、孕妇这些弱势群体,你也要拒绝,因为对方身为一个成年人是不应该和一个弱小的孩子求助。

★ **不具备救人的能力时,呼救援助**

曾经有一个只有19岁的女孩说自己不想活了,她翻越栏杆跳进了河里。女孩的同伴见到后急忙跳下河去救她。女孩被救上来后,不死心又跳了下去。而她的同伴们再次去救她,但这一次他们都没能上岸。前前后后一共有五个同伴跳了下去,加上女孩一共六个人溺水而死。

父母一定要教孩子,施救之前要确保自己是安全的,并且掌握施救技巧。就比如说溺水,孩子可以先呼叫援助。如果能在岸上救援,就不要下水。如果可以扔一些漂浮物给溺水者,或者有相应的救援器械,就不要亲自用手去拉溺水者。

父母可以告诉孩子,遇到任何危险情况时,最重要的就是保护好自己,先想办法撤离危险的地带,然后再报警或者告诉大人。

这世界好人很多,但坏人同样不少,请教孩子善良且有锋芒。

3. 教孩子保护自己的身体

央视曾经播放过一个叫作《呵护明天》的专题片,其中有一集讲述了这样一个故事,10岁的女孩小雯,在网络上认识了一个网友,对方称自己是一个12岁的女孩。

有一天,小雯收到了这个网友发来的几个视频,点开一看竟然都是色情视频,小雯被吓了一跳。紧接着对方威胁她:你看了这个视频,如果不按我说的做,我就把这件事告诉你爸妈。天真的小雯就这样轻易地被胁迫,答应拍摄裸照、视频,甚至进行了裸聊。

有父母觉得,孩子还小,对孩子进行性教育还早,但坏人从不曾嫌孩子小。之所以有这个误区,是因为我们总是把"性教育"和"性爱"联系起来,而忽略了"性"的其他内容,比如对性器官的认识、性器官不可以被别人触摸等。

在电影《嘉年华》中,女孩小文和新新被人带到宾馆,实施了性侵。父母知道后,带两个孩子去医院检查身体。做完检查后,新新天真地问朋友小米:"你知道他们说的处女膜是什么吗?"

被性侵,却连性侵是什么都不知道,连自己的身体结构都不知道,这才是令人悲哀的地方。

所以,性教育要趁早,最关键的年龄是在5岁之前。只不过,不同年龄段的孩子,需要给予的性教育内容不同。

不要等待太迟,才想去开始。性侵害带给孩子的伤害,可能一生也无法抹平。孩子的身体和心理都处在生长发育阶段,遭受了性侵害或者性骚扰后,那种古怪而不适的记忆,会持续影响孩子的精神世界,直到成年。人们常说:"用一生去治愈童年。"台湾女作家林奕含小时候曾被老师诱奸,她根据自己的真实经历创作了小说《房思琪的初恋乐园》,不久后便自杀身亡。林奕含生前说过:"这个故事折磨、摧毁了我一生。"

也许有些父母在愤怒之余会感到庆幸,还好自己家是个男孩子,不用担惊受怕。很多父母都会认为男孩子没有被伤害的危险,但现实真的是这样的吗?2020年,英国曼彻斯特皇家法庭因强奸性侵他人而判处雷哈德·辛那加无期徒刑,据了解他的犯案记录有159多起,而他侵害的对象主要是年轻的男孩。

性侵害是不分性别的,教会保护自己的身体,对每一个孩子来说都非常重要。但在现实生活中,很多父母却在不知不觉中,给孩子灌输了错误的观念。比如,从小给孩子穿开裆裤,父母和亲戚朋友都可以随意触碰孩子的身体。特别是男孩,在小时候甚至经常会被人触摸下体。还有些人会随意开孩子身体的玩笑,强行亲吻孩子。这就会让孩子不知道界限的存在,也没有保护自己身体的意识。

不知道自己的身体是不可以被随意触摸的,以至于孩子被性侵时都没有意识到发生了什么,不懂得呼喊求救。父母不要因为孩子小就忽视对孩子的相关教育,要让孩子学会保护自己的身体。

★ 告诉孩子身体的禁区在哪里

告诉孩子,除大人陪同就医外,其他情况下都不可以给其他人看或碰的身体部位:

肚子向上的部位,即胸部。肚子向下的部位,大小便附近的地方。

父母要和孩子明确,如果对方要求脱衣服露出这些地方,一定要拒绝,并且马上告诉爸爸妈妈。

★ **拒绝越界的行为和互动**

告诉孩子遇到以下行为,一定要拒绝:

对方说出含有性器官或者性行为的词汇,用这些语言来"开玩笑"。

脱掉孩子的衣服和裤子,抚摸孩子的隐私部位或让孩子抚摸自己的隐私部位。

对孩子的隐私部位进行拍照、摄像。

让孩子观看色情视频和图片。

借口做游戏、需要帮助,或者直接对孩子下达命令,带孩子前往一个封闭的空间。

趁着父母离开,对方就亲吻、抚摸孩子,对孩子过于亲密。

父母可以告诉孩子如果遇到上面的情况,可以马上大声叫喊,并告诉爸爸妈妈。

★ **学会警惕所有人**

很多父母都会觉得,新闻里那些骇人听闻的性侵事件距离自己的生活很远。事实上,很多孩子在被侵害时都不会离父母太远,而这个施暴的人可能前几小时还在和他的父母谈笑风生。能够伤害孩子的往往是被信任的人,比如,亲人、老师、关系好的朋友和邻居等。而地点经常是学校、家、辅导或者托管机构。

父母可以告诉孩子哪怕是平时对你很好的人,也不要轻易相信,不和他们单独去封闭的空间,更不允许他们以任何理由触碰自己。

不要让孩子的童年成为一生都无法醒来的噩梦，永远背负着无法诉说的秘密度过余生。父母对孩子最好的保护就是预防，在日常生活中训练孩子科学地看待自己的身体，面对危险随机应变。

4. 遭遇校园霸凌，聪明的孩子懂得"发声"

相信很多人都看过电影《少年的你》，离高考只剩下两个月，高三学生胡小蝶因为受不了校园霸凌而跳楼自杀。胡小蝶死后，曾经帮助过她的陈念成为下一个猎物，少年的恶意令人毛骨悚然，孤立、威胁、殴打、拍摄裸露视频……

校园霸凌逐渐成为每个孩子都必须面对的问题，而被霸凌的受害者们往往不会反抗，他们只是默默忍耐，任由同学随意地践踏自己。即使有极少数的受害者会奋起反抗或向他人求救，但大多数的目击者并不敢施以援手。

校园霸凌主要有用语言侮辱、攻击受害者，给他们取难听的外号。或者是发生肢体冲突，施害者利用武力的悬殊来欺压对方。还有就是利用各种手段不断伤害受害者的心理健康，进而影响受害者的行为。父母要知道很多时候，孩子身上没有挨打的痕迹，不意味着他没有受到校园霸凌。

但如果孩子的身体上也遍布伤痕，那么他心灵上的疮疤只会更大，厌学、逃学、离家出走、由受害者转变成施害者，甚至是患上抑郁症，用自杀来寻求解脱的孩子比比皆是。即使孩子表面上没有什么问题，但那种充满恐惧、尊严被打碎的感觉会在孩子的余生中如影随形，在不知不觉中影响着孩子的人格发展。

孩子在学校被人欺负时，父母总是想尽了办法，找老师反映情况、找对方孩子的父母协商解决，实在解决不了父母就亲自上场威胁、恐吓那个孩子一顿。但这些方法都是治标不治本的，一旦孩子被欺凌去没有做出反抗，就会被认为是一只"软柿子"，到时候所有不怀好意的孩子都会想要踩上一脚。即使孩子幸运地没有被继续霸凌，但这样"窝囊"的表现也会受到其他孩子的轻视，孩子的尊严和健康的社交关系也难以维持了。

网上曾经流传过一个视频：洋洋被另一个大孩子阿山欺负了，挨了好几下打。阿山的妈妈看见了，对洋洋的妈妈笑着打圆场："这都是他们小孩子家家玩呢，阿山还不快和洋洋道歉。"洋洋妈也不好意思再追究。很多时候父母总以为孩子们只不过是在玩闹，便轻轻放过。殊不知这样做其实是在孩子的心里埋下了一颗懦弱的种子，一旦某天校园霸凌降临在这个孩子身上，习惯了"不计较"、逆来顺受的孩子就会错失最佳的求救和反抗的机会。

在央视节目《开讲了》中，有人曾经提出过这样一个问题："如果孩子被打，您会支持他打回去吗？"中国公安大学教授李玫瑾回答："肯定会啊！"父母总是告诉孩子打人是不对的，但对于被霸凌的孩子，父母要告诉他："你可以打回去！"这不是说鼓励孩子使用暴力解决问题，而是让孩子学会保护自己。

遭遇校园霸凌，孩子不是只能忍耐，然后在忍无可忍后走向爆发或者毁灭。在面对校园霸凌时，父母要教会孩子"发声"，聪明地保护自己。

★ **立刻强势反击**

父母不但要告诉孩子遇到欺负时要反抗对方，还要尽量大声地呼救，争取吸引老师和其他同学的注意，创造解救自己的机会。

如果周围没有老师，但孩子就只能靠自己了，孩子可以尽力反抗对方，大声地吼叫，做足气势，尽可能让对方知难而退。并且抵抗的过程中，孩子也可以为自己争取逃跑的机会。

另外，父母要告诉孩子打架的时候要保护住自己的头和脸，同时也不能击打对方的头和脸。

★ **要勇敢地说出来**

父母要告诉孩子，被欺负时要告诉对方，"如果你再打我、欺负我，我就告诉老师。"如果对方没有停止，要记住对方的名字和事情的经过，然后立刻把这些告诉老师和父母。平时在家，父母就可以训练孩子口述一件事的人物、地点、时间、起因、经过、结果，让孩子不至于在发生冲突时无法说出整件事。

同时，父母要告诉孩子在被欺负时，一定要保持冷静的头脑，先想方设法逃出来保护好自己。

孩子的反抗终究是有限的，面对校园霸凌，父母不仅要让孩子拥有保护自己的能力，还要用自己的爱给予孩子面对困难的勇气，陪伴孩子一起渡过难关。

5. 怎么才能保证孩子不跟陌生人走

孩子被拐走的新闻总是层出不穷,很多父母在看这些消息后,难免会对着孩子反复念叨几遍防拐卖的安全知识,"不要和陌生人说""不可以吃陌生人给的东西""不要和陌生人走"……父母说完这些,是不是就不太担心孩子被拐跑了?

曾经一个幼儿园举办过防拐演习,假扮成"人贩子"的工作人员仅仅用了半小时,就把幼儿园里中50多个孩子都骗走了。"人贩子们"带着零食、玩具走进孩子们的教室,哄骗孩子会给他们买更多的零食、玩具,而孩子则完全没有怀疑"人贩子"的话。这些孩子要么是这个班级一起出动,要么是三五个孩子凑在一起,大家都开开心心地走出了幼儿园的大门,甚至在有人询问的时候,孩子还会帮"人贩子"解释:"我们要去拿玩具。"

这些孩子的父母都表示,自己在家经常教导孩子不可以跟陌生人走,孩子答应得好好的,没想到在现实情况中,这么容易就上当受骗了。每年全国各地的幼儿园都会举办类似的防拐演习活动,但结果总是不如人意。

父母老师成天对着孩子耳提面命,但最终还是会败在"人贩子"的一块零食、一件玩具甚至是一个无法兑现的许诺上。父母心里一定很纳闷,孩子为什么总是贪吃贪玩、不长记性?其实,这真的不怪孩子。

著名儿童心理学家皮亚杰曾经指出,7岁之前的孩子大部分都还处于"前运算阶段"，他们判断事物只依靠自己的主观感受，他们是不会客观看待、分析事情的。也是说只要陌生人展现出一副亲切、友善的面孔，送给孩子他们最喜欢的零食和玩具，孩子就会认为这是个"好人"。这时候孩子不会去想"这个人对我好是有什么企图吗？"这样复杂的问题，因为他们本身就欠缺逻辑思考的能力。

父母啰里啰唆地说一些"不要跟陌生人走"这种话，根本就无法让孩子有效地理解并执行。儿童心理学家皮亚杰指出，儿童在理解某个事物之前，必须自己先构建与之相关的认知。也就是说，父母想要孩子理解自己说的话，就必须先让孩子掌握相关的知识。比如，父母告诉孩子"不要跟陌生人走。"在父母看来这只是个简单的指令，但在孩子看来，也许就是"什么是陌生人？""不能走？那我要是被抱着还算不算走？"

孩子的认知能力和思考能力发育不成熟，父母只能把每一个的含义都讲给孩子听，确保孩子理解了父母要表达的意思。但其实孩子即使明白了父母的意思，可能也无法反抗身强力壮的人贩子，所以，父母细心而负责的监管才是最重要的。

★ **注意重点场所**

有数据显示，90%的孩子都是在熟悉的场所走丢。在熟悉的地方，比如，家门口、小区内，父母会不自觉地放松警惕，甚至放心地让孩子离开自己的视线。

人流密集的场所，比如，车站、游乐园、旅游景区、商场。如果父母要带孩子去这些场所，最好要找一个人陪同，避免出现父母去洗手间或者试衣服的时候，让孩子落单的情况。

如果是去陌生的地方，不要让体弱的妈妈或者老人单独带着孩子出行，因为不排除有直接动手抢孩子的可能。

同时，父母带孩子外出时，要时刻盯紧孩子，不要因为低头玩手机、和朋友聊天或者其他事情而忽略孩子。父母也需要警惕接近孩子、逗弄孩子的陌生人，父母可以利用牵引绳或者儿童电子手表来保障孩子的安全。

★ **和孩子进行情景演练**

孩子无法理解父母的要求，父母可以和孩子进行情景演练，用玩偶或者戴上面具假扮"人贩子"，用零食、玩具来诱骗孩子。父母也可以伪装成快递员、外卖员、邻居、警察来骗孩子开门。父母甚至可以在孩子没有留意的时候，直接牵起孩子的手，或者抱着孩子离开。

父母可以告诉孩子如果遇到这些情况一定要不能相信对方。如果对方要强行带走孩子，孩子要立刻大声叫喊，并且可以用牙咬、用拳头打人贩子的头和脸。

父母多次和孩子进行模拟，可以让孩子理解到"陌生人""拐走"的具体含义和场景。到了真正遇到相似情况的时候，孩子就会条件反射地远离可疑的人。

最可怕的事情就是，牵住孩子的小手、给予孩子拥抱和礼物的人，并不是他的父母亲人。希望每一位父母都能给孩子足够的关注和呵护，陪伴孩子顺利长大。